ブロックチェーンの描く未来

森川夢佑斗

KKベストセラーズ

ブロックチェーンの描く未来

カバーデザイン　渡邊民人（TYPEFACE）
本文デザイン　清水真理子（TYPEFACE）
編集協力　藤本賢慈（Ginco Inc.）

ブロックチェーンの描く未来

目次

序章

ブロックチェーンの現在地点

第1章

お金とビットコイン

第2章

記録とブロックチェーン

第3章

契約とイーサリアム

第4章

ウェブと非中央集権化

第5章 ブロックチェーンの課題と発展

第6章

ブロックチェーンのユースケース

終章

ブロックチェーンの描く未来

序章

ブロックチェーンの現在地点

ブロックチェーンのぼやけた輪郭

ブロックチェーンは不思議な技術です。ＡＩやロボティクス、ＩｏＴなどと違い、過去にどんなＳＦにも登場しませんでした。しかし２０１８年の現在、ブロックチェーンはそれら以上に注目を集めていると言っても過言ではないでしょう。その発端となったのは、２００８年に突如登場したビットコインです。

ビットコインをきっかけに、ブロックチェーンは最先端テクノロジーとして脚光を浴び始めました。

「仮想通貨元年」とも呼ばれるほど市場が急成長した２０１７年の前半に、『ブロックチェーン入門』（ＫＫベストセラーズ刊）という書籍を執筆してから早一年の月日が経ちました。

この市場規模の拡大を「バブル」と捉える人も多い一方で、ブロックチェーンは一般的なメディアにも連日取り上げられるようになっています。特に「仮想通貨」という言葉は一種のバズワードとなり、２０１８年3月1～5日に行われた仮想通貨に関するインターネット調査では、認知率が8割強という結果になりました。

これまでは、フィンテックや仮想通貨、ビットコインとセットで語られることの多かったブロックチェーンも、最近はインターネットと同様のインパクトを持った技術革新として捉えられつつあります。

ブロックチェーン技術のポテンシャルに多くのプレイヤーが注目しており、3～5年以内に知らずしらずのうちに生活の一部として触れることになる、と考えていた私の予測とほぼ変わらぬスピード感で発展を続けています。


その一方で、ブロックチェーンという言葉が独り歩きしていることも否めません。ブロックチェーン技術が「世の中のあらゆる問題を解決する魔法の杖」のように語られることも増えました。

新技術を世の中に普及させる際には、その技術に対して期待を込めて開発や実用化に取り組む熱い姿勢も大切ですが、同時に技術の実像を正しく見定め評価する、冷静な態度も重要です。

現在は、ブロックチェーンに対する曖昧《あいまい》な期待感が様々な場所で取り上げられることによって、かえって「ブロックチェーン」という言葉の輪郭がぼやけてしまっているように感じます。

前述のとおり、ブロックチェーン技術は、これまでのＳＦや未来予測の中で明示されていなかったため、技術の背後にある文脈、背景をつかみづらい傾向にあるのかもしれません。

私自身この一年間で、ブロックチェーンの最前線で実業を展開しながら、多くのプロジェクトと関わってきました。起業家や投資家、学者の方々、政府関係者や開発者、メディア関係者といった多くの方々とお話をしていく中で、ブロックチェーンについてより多角的に捉えることができるようになったと思います。そこで分かったのは、立場によってブロックチェーンについての向き合い方、伝え方が異なることが、ブロックチェーンを取り巻く情報をより複雑にしているということです。

本書は、ブロックチェーン技術とはどういったものなのか、私たちにとってどういった意味があるのか、どういった未来を作る可能性があるのかについて、改めて解き明かしていこうと思い執筆しました。

思うに、多くの方にブロックチェーンの描く未来を共有していくために必要なのは、専門的な開発者の観点から技術を解説することではなく、生活に根ざした様々な技術の歴史を紐解くことです。私たちの生活に溶け込んだ様々な「常識」は、過去の人々の生活を変えてきた斬新なアイデアであり、それを実現してきた技術の集大成です。

今まさに、私たちの生活や常識を一新させようとするブロックチェーンの革新性を理解するには、私たちが日頃当たり前に触れている「お金」「記録」「契約」「Ｗｅｂ」といった様々な技術の変遷を読み解き、その本質と課題を見定める必要があります。

歴史上、人々の生活を変えてきたイノベーションは、私たちの「当たり前」に対する挑戦であり、問題提起でした。この本では、ブロックチェーンに関連する技術の歴史をたどりながら、ブロックチェーンがもたらす未来を、過去と現在の延長線上に見据えたいと思います。

本書の構成

本書は、6章立てで、ブロックチェーンの本質が何か、現在の課題と発展、そして活用について説明していきます。

1章から3章では、それぞれ「お金」「記録」「契約」と人類の歴史を、その変遷からブロックチェーン技術が何をもたらすのかを読み解いていきます。

4章では、ここ数十年で私たちの生活を最も大きく変えたＷｅｂの世界が、ブロックチェーンによって、今後どのように進化するのか。今のＷｅｂやインターネットのあり方とどのように違っていくのかを説明します。

5章では、ブロックチェーンを実用化していくにあたって、現在見えている課題について触れ、模索されている解決策を説明していきます。

最後の6章では、世界各国でのブロックチェーンの活用事例について説明します。様々なプロジェクトが想定している課題とソリューションの方法を知ることで、今後起こりうるビジネスを予測することができるでしょう。

なお本書において、「ブロックチェーン」と総称する際は、基本的にパーミションレス・ブロックチェーン、つまり誰でも参加ができるパブリックなブロックチェーンネットワークのことを指します。

第1章

お金とビットコイン

「お金」の力はどこにある？

みなさんは、ビットコインにどういったイメージを持っていますか？　投資や投機、新しい技術、仮想通貨もしくは電子マネーといったところでしょうか。

誤解を恐れずに言うならばビットコインは、お金のあり方をまたひとつ新しいフェーズへ移行させた「お金の再発明」です。

そもそも、私たちが扱っている「お金」にはどのような特徴があるのでしょうか？

まず、日常的な「お金」の流れから、その特徴をいくつか洗い出してみましょう。私たちの多くは仕事を通じて給料としてお金を得ています。そのお金は銀行口座に振り込まれ、いつでも引き出すことが可能です。

そうして手に入れたお金は、お店で買い物をするとき、飲食店で食事をするとき、ヘアカットやバスに乗るときに使うことで、自分の欲しいものやサービスを受け取ることができます。みなさんが最も強くイメージする「お金」は、日本円かと思いますが、Suicaなどの電子マネーやVisaやMasterCardといったクレジットカードを用いることもあるでしょう。あるサービスで、こつこつ貯めたポイントを使う場合もあります。こうしたすべてが「お金」として日常的に使われています。

「金は天下の回り物」という言葉のとおり、私たちの日常的なやり取りの多くはお金を介して行われ、お金によって成立しています。少し踏み込んだ言い方をすると、私たちが生きていく上で他人の力を借りようとするとき、最も便利に利用できるのがお金ということです。

社会学者マックス・ウェーバーは、お金のこうした力を「金銭は君主の中の君主である」と表現しました。お金には誰かを従わせる力がある、ということです。

それではなぜ、お金にはこのような力があるのでしょうか?

POINT

見ず知らずの相手であっても、お金を使うことで何かをしてもらうことができる。

「お金」の3つの役割

一般的に説明されているお金の役割について考えてみましょう。

私たちが使っているお金とは、価値のやり取りを分かりやすく円滑に行うために用いられるもので、「価値保存」「価値尺度」「価値交換（決済）」の3つの役割を持つと言われています。

まず、「価値の保存」ですが、重要なことは価値をしっかりと保存し続けることができるか、ということです。例えば、穀物や毛皮、貝殻などの物品貨幣が利用されていた時代もありますが、すぐに腐ってしまったり欠損したりする、という欠点がありました。

そのため、後に金属貨幣や紙幣へと移り変わっていき、インターネットの発達した現代では物理的なものではなく、電子データとして価値を保存することが主流になってきました。

次に「価値の尺度」ですが、価値というものは非常に主観的なものです。そのため、自

【お金の３つの役割】

❶価値保存
❷価値尺度
❸価値交換
価値をそこなわずに
保存できる
価値をはかる
尺度・単位となる
他の価値との
引き換えに使える

分が持っている価値と、相手の持っている価値とを交換する際に、客観的に分かりやすい基準を設定する必要があります。

この際、均質で、小さく、分割や統合で価値が増減しない「単位」として扱えるものを基準に設定することで、モノの価値を一律に判断することができるようになります。

最後に「価値の交換」ですが、モノやサービスと交換できる何かがお金として扱われます。

こうした特徴を持ったものが古来より「お金」として用いられてきました。ここまでは誰もが同じように語る「お金」

の一般論です。

しかし、ここであらためて率直な疑問が生まれます。

「そうは言っても今現在使われているのは、よく考えればただの紙切れじゃないか。どうしてこれを手渡して他人を従わせることができるんだ？」

この問いにきちんと向き合うことがビットコインを始めとする「仮想通貨」を理解する上での出発点です。

POINT

価値には「価値保存」「価値尺度」「価値交換（決済）」の３つの機能がある。

すべての「お金」は誰かの「借金」である

これまで多くの場面で、「お金とは物々交換の不便さを解決するために、物々交換の代わりとして使うようになったものだ」という説明がされてきました。

確かに「通貨」の歴史について、説明を行おうとする場合、この考え方は非常に分かりやすく、納得しやすいものです。

しかし、これは「お金」という概念が一般的に普及した後に、その歴史を遡る上での話であって、そもそもどうして「お金」という発明が生じたか、そこにどんな発想の転換とアイデアの普及があったかを説明することはできません。

例えば、農家のアリスと漁師のボブがいたとしましょう。ある日、漁師のボブが10匹の魚を捕ってきましたが、アリスにはそれを手に入れるための野菜が手元にないとします。

このとき、アリスはある日突然「手元に貝殻があるから、これをボブに渡して魚を手に入れよう。今度ボブが貝殻を返してきたら、そのときに野菜を渡せばいい」と思いついた

【アリスとボブの信用取引】

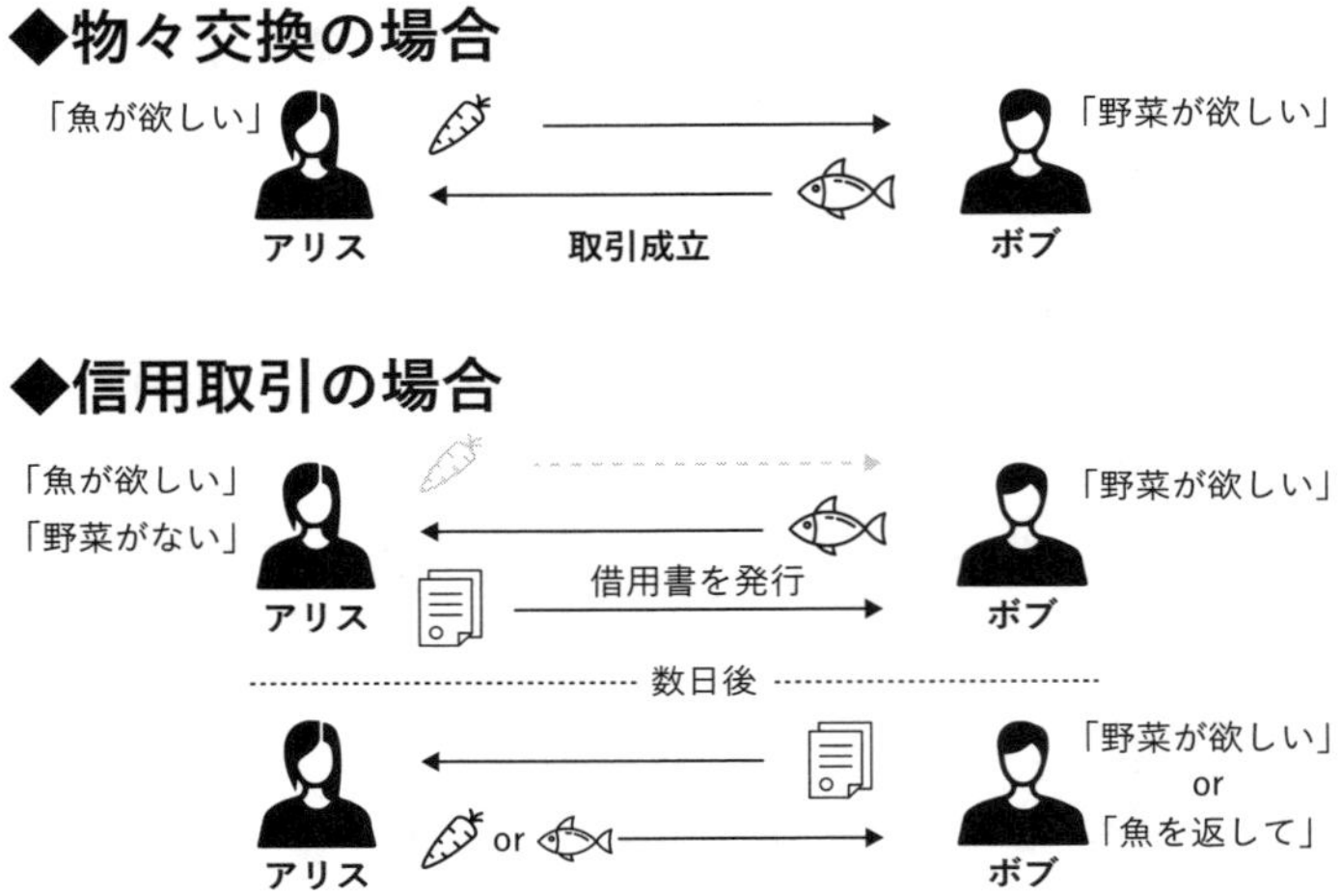

のでしょうか。

そんなことはありません。この取引では「価値の交換は、約束があれば成立する」という前提のもと、約束をお互いが確認するための目印として貝殻を使っています。

つまり、貝殻を用いた価値の交換には、前提としてツケ、信用取引の考え方があるのです。

私たちの祖先が、狩猟採集の生活の中でも仲間とともに暮らしていくことができたのは「今日の約束が明日果たされることをお互いに信用する」ことが可能だったからで、これが現在のホモ・サピエンスと絶滅した猿人・原人たちとの大きな違いであるとも言われています。

先ほどのアリスとボブとのやり取りが貝殻を介して行われていたとしても「アリスが10匹の魚をボブからツケで買っている」という借用書の代わりに、お互いの了承のもと貝殻という目印が用いられているにすぎません。

重要なのは、約束や信用を通じて「いま目の前にないものを交換する」という素朴なコミュニケーションだったということです。

ところが、こうした信用取引はアリスがボブとの約束を無かったことにしてしまえば、簡単に破棄することが可能です。

この不確実性に対し、ボブが魚10匹分の価値を失わずに済む方法は、以下の2つに分類できます。

ひとつは、「借金の内容をきちんと記録し、アリスがボブに借金をしていることを周りの人たちに知らせておく」方法です。

私たちは社会を生み出し、それを活用することで生存競争に勝ち残ってきた種ですから、「約束を破るやつ」と周りに知られることは生命に直結する問題です。また、その約束があれば第三者が持つ麦や毛皮と、「アリスから野菜を取り立てる権利」つまり「債権」を交換することもできます。

もうひとつの方法は、アリスに魚を渡すのと引き換えに他の人にも渡せる貴重な何かを、アリスから受け取っておくというものです。これによって、アリスはボブからその貴重なものを取り戻すべく、約束を果たそうとしますし、約束が果たされなかったときは、自分の魚の価値をアリス以外の誰かから手に入れることができるようになります。

この2つの「借金」の記録・運用方法は、第一の方法が台帳技術を用いた「会計制度」、第二の方法が鋳造・複製技術を用いた「通貨制度」と呼ばれるかたちで、それぞれの進化を遂げていきます。

POINT

お金とは、貸し借りの目印として生まれたもので、次第に取引を担保するためのものへと昇華していった。

最古の文明とともに発生した「台帳技術」

近年の研究によって、穀物や毛皮といった物品貨幣以前から、台帳技術を用いて大規模な交易活動やお金のやり取りが実現していたことが分かってきました。

考えてみれば当然のことなのですが、金属貨幣は紀元前670年ごろに小アジアのリディア王国によって初めて生まれたものです。アテネでポリス内の地域食料経済が現れるのは紀元前5世紀末、東地中海に初めて国際穀物市場が形成されたのは紀元前4世紀末のこと。人類最古の通貨とも言われる中国・殷《いん》王朝の貝貨の誕生も紀元前16世紀ごろのものです。

その一方で、人類最古のメソポタミア文明は紀元前3500年ごろに成立しています。紀元前7世紀に金属貨幣が生じるまでの間には、エジプト文明、インダス文明、エーゲ文明、ミケーネ文明、バビロン第一王朝などの名だたる古代文明が記録されています。そのどれもが、物々交換や現物貨幣だけで交易を実施していたということでしょうか。

【最古の台帳とトークン】

モノの種類・数量を記録するため
粘土で作られたトークン

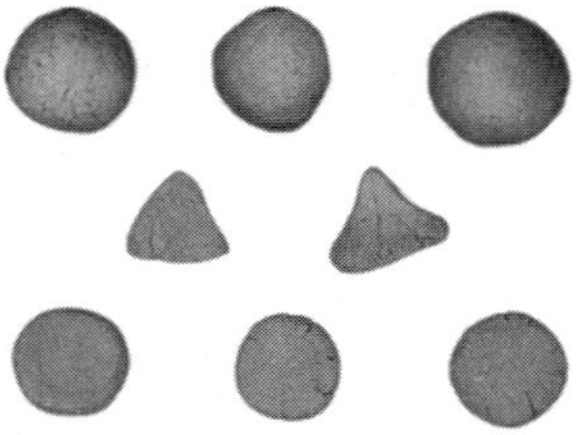

改ざんされないように刻印された
タブレット状の粘土板

RECORD KEEPING AND THE ORIGINS OF WRITING IN MESOPOTAMIA より抜粋、一部変更

国家や集落同士での祭祀や交流が物のやり取りだけで成立することは考えにくく、そこに暮らす何千何万の都市国家民の生活がすべて物々交換や物品貨幣のみで実現していたと考えるのは非現実的です。

そうした〝前通貨時代〟において、人々の価値のやり取りを実現していたのが台帳技術を用いた会計制度で、その最たるものが、古代メソポタミア文明のものです。

古代メソポタミア文明では、人類史上初の都市と官僚制度が発展しました。都市と官僚制度がある、ということは徴税の仕組みが不可欠です。そして、このような高度な社会を維持・統治するために、本質的には現在と変わらぬ会計制度が存在していました。

紀元前3100年ごろには、粘土板におはじきのようなトークンを型押しして数を記録する仕組みが成立しています。この粘土板が原初のお金、つまり「債権」を記録する台帳として、都市国家内での経済を成立させていました。

メソポタミア文明の場合は、神官でもある会計記録人と彼が記録する会計台帳をハブにした、画期的な信用取引が実施され、貨幣なしの都市生活が成立していました。

実際に、文明の条件に「文字」はありますが、「通貨」は存在しません。人類文明初期の大規模な取引を実現していたのは、目の前の相手との約束であり、それが踏み倒されないように記録する「台帳」だったのです。

POINT

人類文明最古の貨幣システムは「台帳」という技術によって実現された信用の記録である。

君主の支払い能力を信用する「通貨システム」

持ち運びのできない粘土板を会計記録人が運用するシステムは、地理的・物理的な制約があるため、広大な土地や世界各地の植民地を支配することが困難です。

せいぜい都市国家レベルの管理が限界なこのシステムに対して、人類社会が新たに生み出したのが「王様や君主といった力のある人の借用書を大量に発行すれば、持ち運びやすく社会の誰に対しても使える。いちいちすべてを記録しなくても価値の交換ができる」というアイデアです。しかし、ここで問題となるのは、偽《にせ》の借用書が出回ってしまうことです。

そこで「偽造のできない金属加工」の技術を用いて、「信用できる君主の発行する社会共通の借用書」というアイデアを実用化し、「金属貨幣」という発明が生まれました。

例えば、国王が商品に対する借用書として貨幣を市場で用いると、その貨幣は国王の信用力によって、国王のあずかり知らない場所で行われる野菜や肉の取引にも使えるように

【通貨制度という共通借用書モデル】

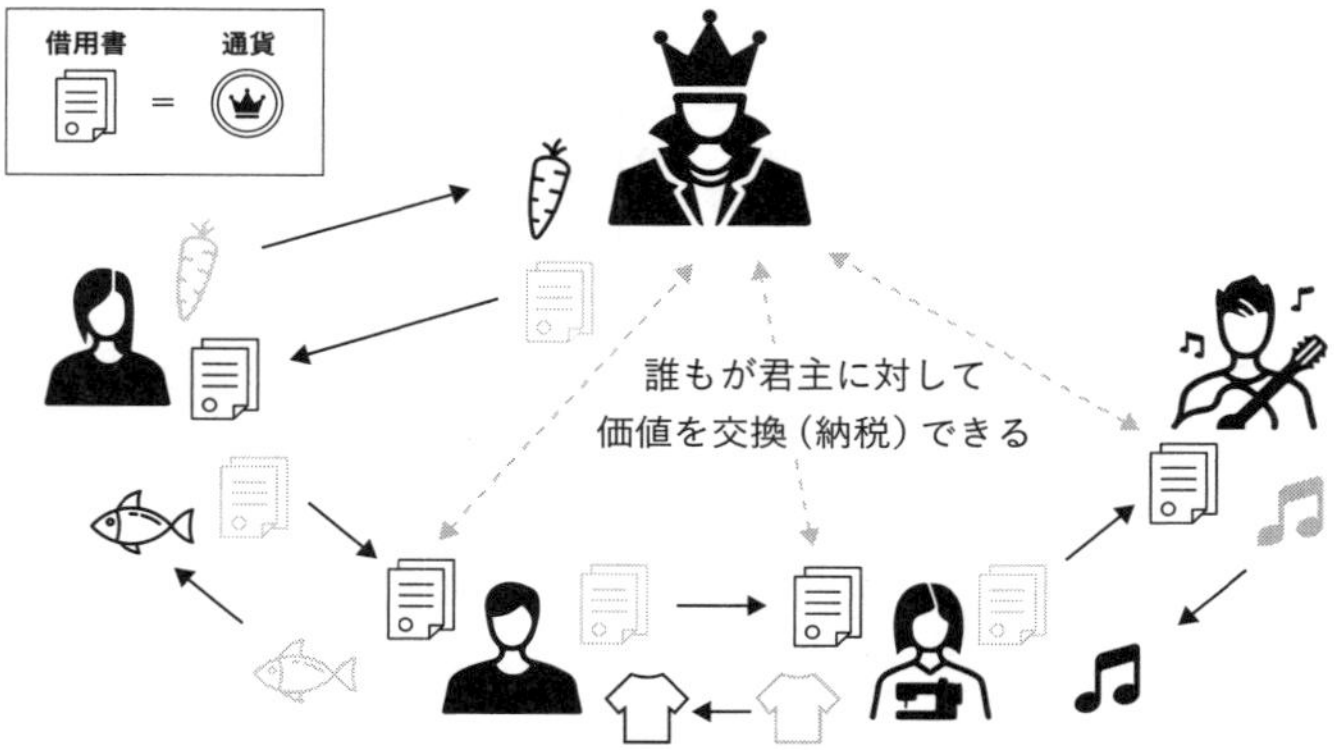

❶ 君主のことを信用している人であれば、社会の誰とでも交換できる
❷ 誰がどれだけの価値を持っているかが、誰でも直感的に分かる
❸ 管理者に報告や記帳をお願いしなくても、それぞれが自由に使える

なります。

　このとき国王の信用を支えているのは、徴税権を持つことによる最終的な支払い能力で、さらにこの徴税権は、外敵の侵入を防いだり、安定した政治を行ったりといった、国王の果たす役割によって担保されています。

　信用のおける君主が最終的な支払い能力を持つことを軸に、「社会の誰に対しても、何の取引に関しても使える、目に見えて手渡せる借用書」が実現されたことで、誰かが債権と債務のすべてを一元管理しなくても、あらゆる取引が流動的に行われる経済が実現するようになります。特に、少額の取引は通貨制度の誕生によって劇的に便利になりました。

通貨システムの利便性は、地中海の小王国であったリディアで初めて鋳造通貨が生まれ、地中海全域で流通し始めてからほどなくして、大規模な食料品市場が形成されるようになったことからも明らかです。


一方で、通貨を発行する権利が恣《し》意的な君主個人に紐付いていること、その個人や政府の支払い能力が内政や外交状況によってたやすく変化してしまうことを理由に、「通貨を信用できない」というシーンがたびたび発生してしまったため、通貨そのものは多くの人にとって魅力的な貴金属で作られてきました。発行者の信用を、通貨そのものの物質的な価値で補っていた、ということです。

しかしこれは、発行する通貨の質を下げることで、シニョレッジ（通貨発行益）をあげることができる、という別の問題を生じさせました。実際に金貨として発行される通貨に銀や銅の含有量が多く含まれる悪貨が何度も発行され、「悪貨が良貨を駆逐する」という経験則まで生まれました。

こうした事情から、民間では信用しあえる人間同士がお互いの約束を記録しあう「会計制度」が発達していきます。

POINT

通貨制度は「権力を持った君主の支払い能力を社会全体で信用することで、誰に対しても譲渡できる借用書」として発展した。

商人の会計システムの限界と銀行の誕生

一極集中型の粘土板型台帳システムとして始まった会計制度も、羊皮紙やインクの普及を受けてアップデートを続けていきます。

特に、君主に左右される「通貨の信用問題」に対抗するかたちで、民間の商人たちは顧客や仕入れに関する債権・債務を帳簿に記録し、定期的に決済を行うことで、誰がどの程度信用のおける人間かを記録するピュアな会計制度を獲得していきます。

中央集権的な台帳システムではなく、商人同士のネットワーク上で誰がどれだけの債権と債務を抱えているか、を記録しあうような仕組みが発展していくわけです。

しかし、会計制度は、組合などネットワークに参加している全員が、全員を知っていて、信用しあっていなければ成立しない、という欠点がありました。ネットワークをより大きく、より強く拡大していくためのコストが大きかったのです。

ネットワークの拡大にともなって、もう一つ大きな問題が発生します。国際貿易の活性化です。

国際貿易が発展するにつれて、異国の地で商売をする商人たちは、現地で使う通貨を手に入れるための為替を両替商に発行してもらう必要があります。

為替の発行は、発行者が有利となるように運用されますし、当時国際的に金融システムを構築できていたのは、ユダヤ人のような世界各地に散らばって暮らしながら高い同一性を維持していた一部の人々に限られていたため、両替商たちは独占的な利益を手にしていきます。また、商売が大規模化するにつれ、資金調達は難しくなるため、多額のお金を融資できる存在が力を持つようになっていきます。

このような、ネットワークと商圏と事業規模の拡大という問題に直面した商人たちは、会計制度を基軸にした中央集権的な仕組みとして「銀行」を生み出します。

銀行は異なるネットワーク間の交流や、ネットワーク内での会計処理を取りまとめる商人側の代表機関として活躍するようになります。

POINT

各ネットワーク内の会計処理とそれらをつなぐ役割を担う両替商が力を持ち、やがて「銀行」へと発展した。

複式簿記による銀行システムの躍進

銀行システムの発展を支えた会計技術上の発明が、アラビア数字と複式簿記です。複式簿記の技術は、主に以下の3つの点で、それまでの会計技術よりも優れていました。

①検証可能性：借方と貸方の記録が一致するため、間違いがチェックできる
②秩序性：記帳時の仕組みが理路整然としているため、取引を漏れなく記録できる

③網羅性：取引すべてを記録しつつ、商品単位、事業単位の利益を算出することもできる

この発明の背景にも、「お金の本質は債権と債務を記録することにある」という考えが見え隠れします。

複式簿記は、誰かの債権は同時に誰かの債務であるという前提のもと、取引を網羅的かつ厳密に記録し、事業や商品の価値を整理する技術です。

銀行はこの技術を誰よりも使いこなすプロフェッショナルとして、債権と債務の記録と管理に関するあらゆるシーンを司るようになっていきます。ネットワークに参加する商人たちは銀行に信用を審査されながら、互いに資金を融通します。これにより銀行の管理できるお金の総量がどんどん増えていきました。

また、台帳上で運用できる債権・債務の幅が広がったことで、遠隔地同士での決済や為替業務はいっそう盛んになります。直接通貨や物品を移動するのではなく、銀行の台帳上で債権・債務を付替えることを「資金が移動した」とみなすことが可能になり、より流動的に経済が回るようになっていきました。

信用の審査が厳密になったことで証券という一種の貨幣が持つ価値も高まり、擬似的な

通貨発行を銀行が担うようになります。

POINT

複式簿記を用いて債権と債務の記録・管理を行う銀行が、お金の時間的・空間的流動性を高め、お金の流れの中心になった。

中央銀行の誕生による貨幣システムと会計システムの統合

銀行の発達と時を同じくして、ヨーロッパで国家間の戦争が頻発するようになると、各国の君主たちは戦費の調達を繰り返すようになります。

ヨーロッパの君主というと、絶対的な権力のもと自由気ままに贅沢を堪能していたようなイメージを持つ方も多いのですが、当時の君主たちはみな私人であったため、ほとんどが財政難にあえいでいたと記録されています。

【中央銀行システム】

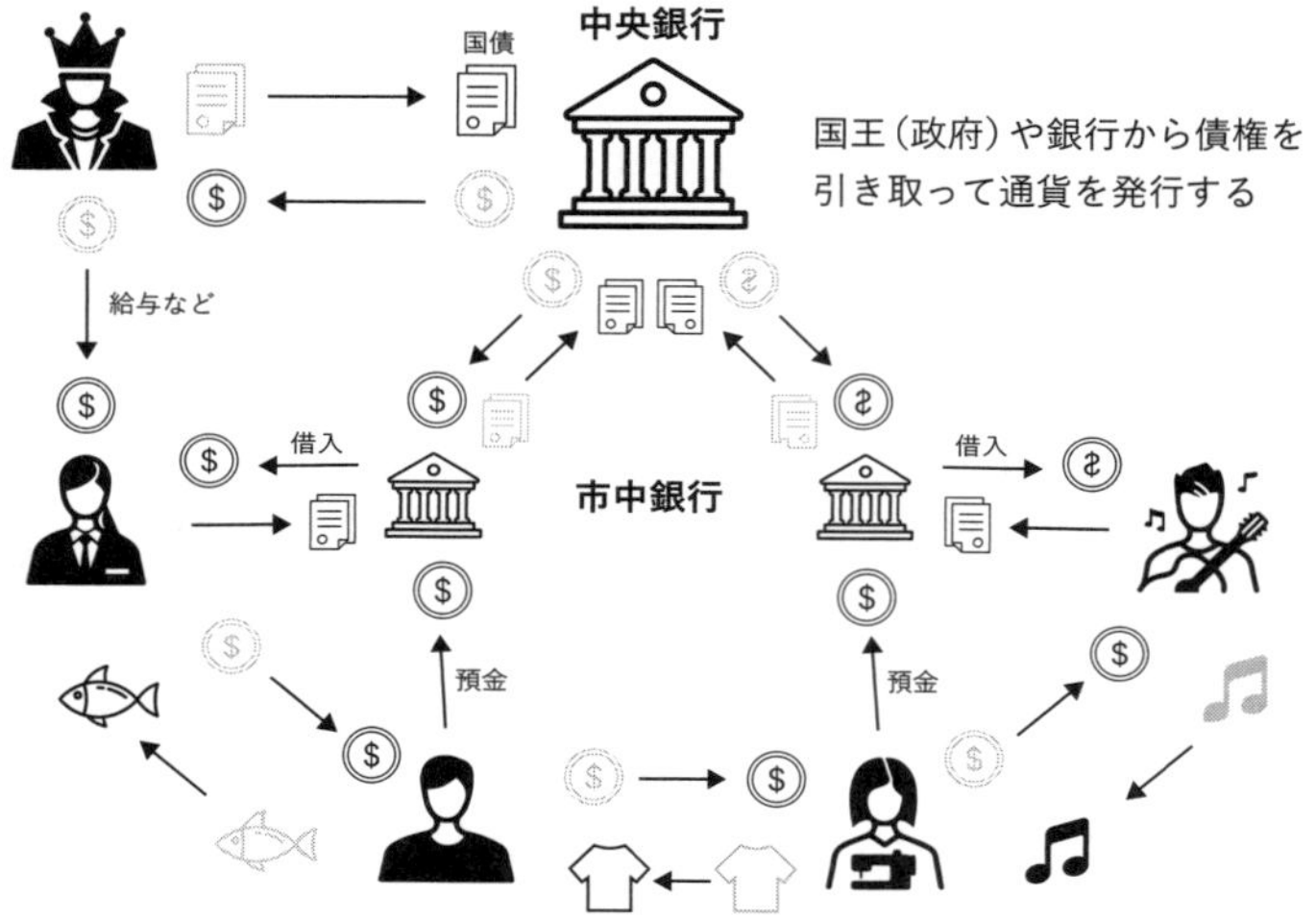

みだりに通貨を発行して自国の経済を混乱させることはできず、かといって、教皇や同盟国からの要請には逆らえず、戦争のたびに銀行から資金を借り入れることが常態化していました。

これは、信用を審査する銀行によって、君主へのツケ、つまり国債が市場に流通する貨幣となる構造だったため、最終的に一元化が図られ中央銀行という仕組みが誕生します。中央銀行の誕生は、銀行という信用機関による会計制度と貨幣制度の融合とも言えるでしょう。

前述のとおり、貨幣とはそれ自体が「誰にでも譲渡できる借用書」です。中央銀行の誕生以来、その発行・記録・流通といったすべてが、銀行という信用の専門家によって運用されてきました。
中央銀行はその後も発展を続け、国民国家制度などの影響を受けて、貴金属による価値の最低保証も必要としないシステムに成長することになります。

POINT

中央銀行の誕生によって、債権・債務の発行と流通のほとんどが銀行という信用の専門家に取り仕切られるようになった。

「リーマンショック」による銀行への失望

お金のあり方は、これまで幾度となく変わってきましたが、その本質は「債権と債務の記録」から変わること無く一貫してきました。

しかし「君主による通貨制度」と同様に、銀行というプロフェッショナルが管理するお金の仕組みにも問題はありました。

銀行が特権的に債権と債務の記録を管理するとき、その記録はプロフェッショナルの手元を離れることはなく、私たちは銀行を頼らないかぎり極めて限定的な取引しかできなくなってしまったのです。

銀行が信用を審査する仕組みも徐々にブラックボックス化していきます。そして、銀行という中央集権的な機関が信用の管理を一手に引き受けるようになり、誰もその間違いを指摘できなくなった現代、私たちは大きなしっぺ返しを食らうことになります。

それが、2008年9月に発生した「リーマンショック」です。リーマンショックは、サブプライムローンという金融商品に関して行われた粉飾が原因で引き起こされ、世界的

【お金の変化の変遷】

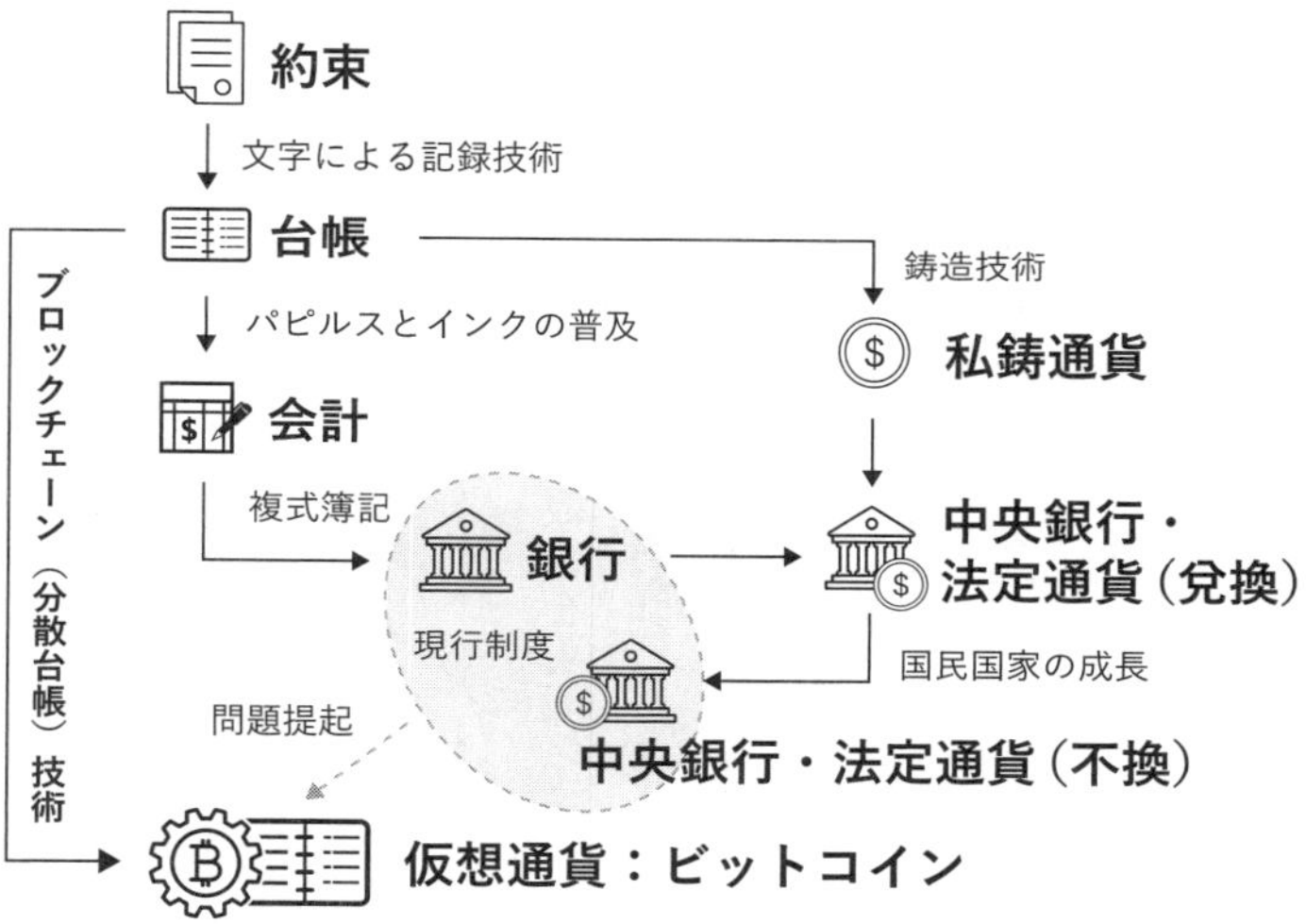

な経済危機へと発展しました。

信用の専門家を名乗り、信用を元手に収益をあげる特権的な機関が、その根本となる記録を不正にコントロールしていたことが世界中で物議を醸し、中央集権型の金融システムに警鐘が鳴らされました。そんな中、2008年10月31日に産声をあげた発明、それがビットコインです。

POINT

銀行による信用の管理は、徐々にブラックボックスと化し、債権・債務といった「お金」の記録が恣意的に歪められた結果、「リーマンショック」が発生した。

ビットコインの問い

ビットコインは〝サトシ・ナカモト〟と名乗る匿名の人物によって「P2Pの電子的な現金システム（A Peer-to-Peer Electronic Cash System）」として発表された技術です。

サトシ・ナカモトは、銀行のような第三者機関なしに暗号的な証明に基づいて債権記録を保持・運用し、電子的に取引を可能にするシステムとして、ビットコインを考案しました。

この論文では次の問題提起から、ビットコインの技術が導かれています。

「通信チャネル上で取引を行うとき、信用のおける第三者機関を介さず、希望する二者が直接取り引きを行うことはできないか？」

この問題提起は、「通貨制度・会計制度が大きなネットワーク内で運用されようとしたとき、中央集権的な管理者を間に挟むかたちが最も構築しやすく効率がよい」という常識に改めて挑戦するものでした。

今一度、現在のシステムの課題について、考えてみましょう。

【サトシ・ペーパー】

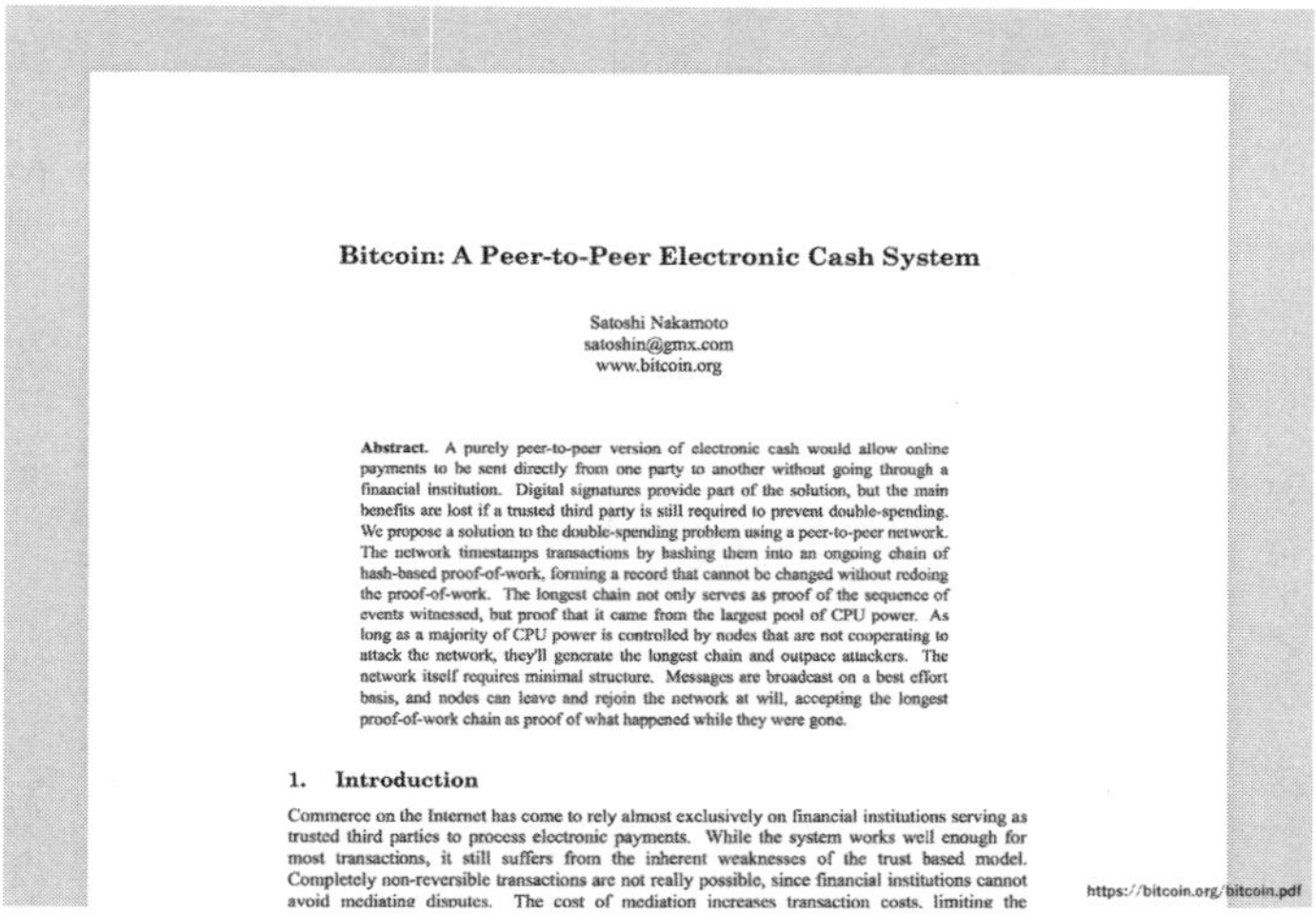

Bitcoin: A Peer-to-Peer Electronic Cash System

Satoshi Nakamoto
satoshin@gmx.com
www.bitcoin.org

Abstract. A purely peer-to-peer version of electronic cash would allow online payments to be sent directly from one party to another without going through a financial institution. Digital signatures provide part of the solution, but the main benefits are lost if a trusted third party is still required to prevent double-spending. We propose a solution to the double-spending problem using a peer-to-peer network. The network timestamps transactions by hashing them into an ongoing chain of hash-based proof-of-work, forming a record that cannot be changed without redoing the proof-of-work. The longest chain not only serves as proof of the sequence of events witnessed, but proof that it came from the largest pool of CPU power. As long as a majority of CPU power is controlled by nodes that are not cooperating to attack the network, they'll generate the longest chain and outpace attackers. The network itself requires minimal structure. Messages are broadcast on a best effort basis, and nodes can leave and rejoin the network at will, accepting the longest proof-of-work chain as proof of what happened while they were gone.

1. Introduction

Commerce on the Internet has come to rely almost exclusively on financial institutions serving as trusted third parties to process electronic payments. While the system works well enough for most transactions, it still suffers from the inherent weaknesses of the trust based model. Completely non-reversible transactions are not really possible, since financial institutions cannot avoid mediating disputes. The cost of mediation increases transaction costs, limiting the

https://bitcoin.org/bitcoin.pdf

そもそも法定通貨は、その大部分が預金通貨であり、銀行などの金融機関が管理しています。数多くの札束を金庫に入れて管理しているのではなく、IT技術の発達した今ではほとんどが電子的なデータになりました。

預金通貨は電子的な情報ですから、インターネットが普及した現在は、オンラインで世界中の誰とでも取引を行うことができるはずです。

しかし、現行の通貨システムは、銀行や決済サービス事業者といった中央集権システムのもとでのみ運用されており、彼らの影響下でしか利用することができません。

次に、「信用のおける誰か」を中心に据えたシステムは、言語や地域をまたいで機能させることが非常に難しく、世界中で一貫した運用を行うことは不可能です。というのも、お金という約束のやり取りは、究極的にその約束の発行母体を信用することができるかが問題になり、このとき多くの人間は自分にとって慣れ親しんだものほど信用してしまうからです。

この本を手にしているみなさんが日常的に最も信用している通貨は恐らく円かと思いますが、その次にドル、元、ユーロといった通貨が挙げられるでしょう。この順番には発行母体のファンダメンタルズ以外にも、文化的・外交的な親近感が大きく影響しています。

国際政治学の原則は「国際社会はアナーキー（無政府状態）である」というもので、約束を踏み倒すことが原理的には許されています（相応のペナルティはありますが）。こうした事情からも、敵味方が入り交じる国際社会においては、約束を踏み倒さない国かどうか、が常に問われています。

国が発行する通貨とは「現状の社会システムにおいて、信用できる最大の組織によって発行された通貨」であり、そのシステムを国際社会全体で一元的に運用することはできません。

現状の法定通貨制度を取るかぎり、私たちは国ごとに異なる経済圏どうしが睨《にら》みをきかせあう無政府状態から逃れることができないのです。

最後に、中央集権型の通貨システムは、その維持や管理に多大なコストを要します。というのも、一極集中で膨大な取引を処理しようとすれば、安全で堅牢《けんろう》かつ高い処理能力を持ったインフラを整備せざるを得ないからです。

さらに、一度多大なコストをかけてインフラを構築しきると、代替が容易ではないため過去のレガシーを使い続け、新陳代謝が止まってしまうことにもつながります。

これらの不便さ、不自由さに対するアンチテーゼとして、管理者不在の貨幣システム・ビットコインのコンセプトを読み解くことができます。

POINT

ビットコインは「インターネットを介して希望する二者が銀行などを必要とせずに直接取引を行うことはできないか?」という素朴な問題提起から生まれた。

ビットコインの技術的構成要素

ビットコインはインターネットの情報通信網と暗号技術を利用して、中央集権的な管理者なしに個人間でお金のやり取りができるようにしたものです。

大まかには以下の4つを組み合せ、ネットワーク全体で台帳記録を維持します。

・本人のみが知りうる情報を使って本人確認を行う「公開鍵暗号方式」
・端末間のやり取りをネットワーク全体に公表する「P2Pネットワーク」
・一方向ハッシュ関数を用いた入れ子型の台帳データ「分散タイムスタンプサーバー」
・ネットワーク内の合意形成の仕組み「プルーフ・オブ・ワーク(Proof of Work)」

中央集権的な機関に頼ることなく、個人が思いのままに取引できるよう、取引の際には「公開鍵暗号方式」を用いたデジタル署名を本人証明として用います。また、個人同士のやり取りは、匿名のままネットワーク全体に公表され、台帳上に記録されていきます。

【ビットコインの技術的構成要素】

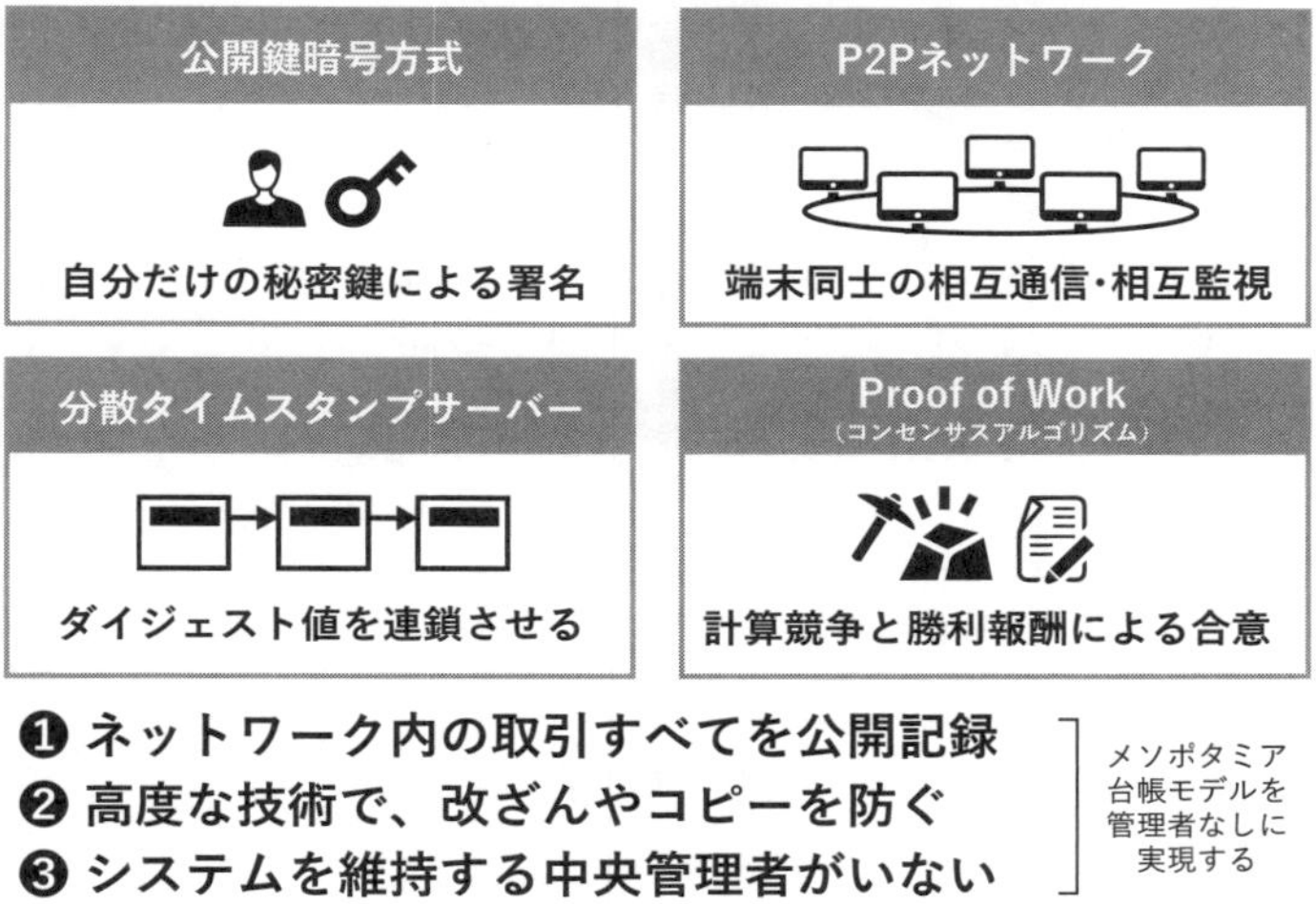

台帳は過去のすべての取引がダイジェストとして最新の状態に引き継がれるようにし、改ざんが発覚しやすくした上で、合意形成にハードルと報酬を設けることで、一貫した記録が維持されるように設計されています。

このようなビットコインのモデルは、最古のお金である台帳型の貨幣制度によく似ています。

両者の違いはその台帳が電子的な情報として全世界で共有されていることと、台帳の記録と運用が誰か一人によって管理されるのではなく、参加者全員で負担を分散しながら運営されていく、ということです。

つまり、既存の中央集権型の貨幣制度にアンチテーゼを突きつけ、お金の再発明をしているのです。

こうした、ビットコインのシステムは、大きく分けて以下の6つの流れで利用されています。

①ネットワーク内で取引を行う際には、その権利を持つ本人であることの証明を義務づける
②現在行われている取引と過去の取引記録を、インターネット上ですべて公開する
③取引記録が一定期間ごとに取りまとめられ、そのダイジェストが繋がっていくことで、記録同士が連鎖的に影響するようにする
④取引記録の取りまとめと更新は、一定の負担を必要とする計算競争に勝利した代表者が行う
⑤計算競争に勝利し正しく記録を行った者には、報酬を与える
⑥新しく更新された取引記録にネットワーク全体が同期する

以下では、①～⑥の流れがどのようにブロックチェーンを支えているかを、もう少し具体的に説明していきます。

【取引（トランザクション）が記録されるまで】

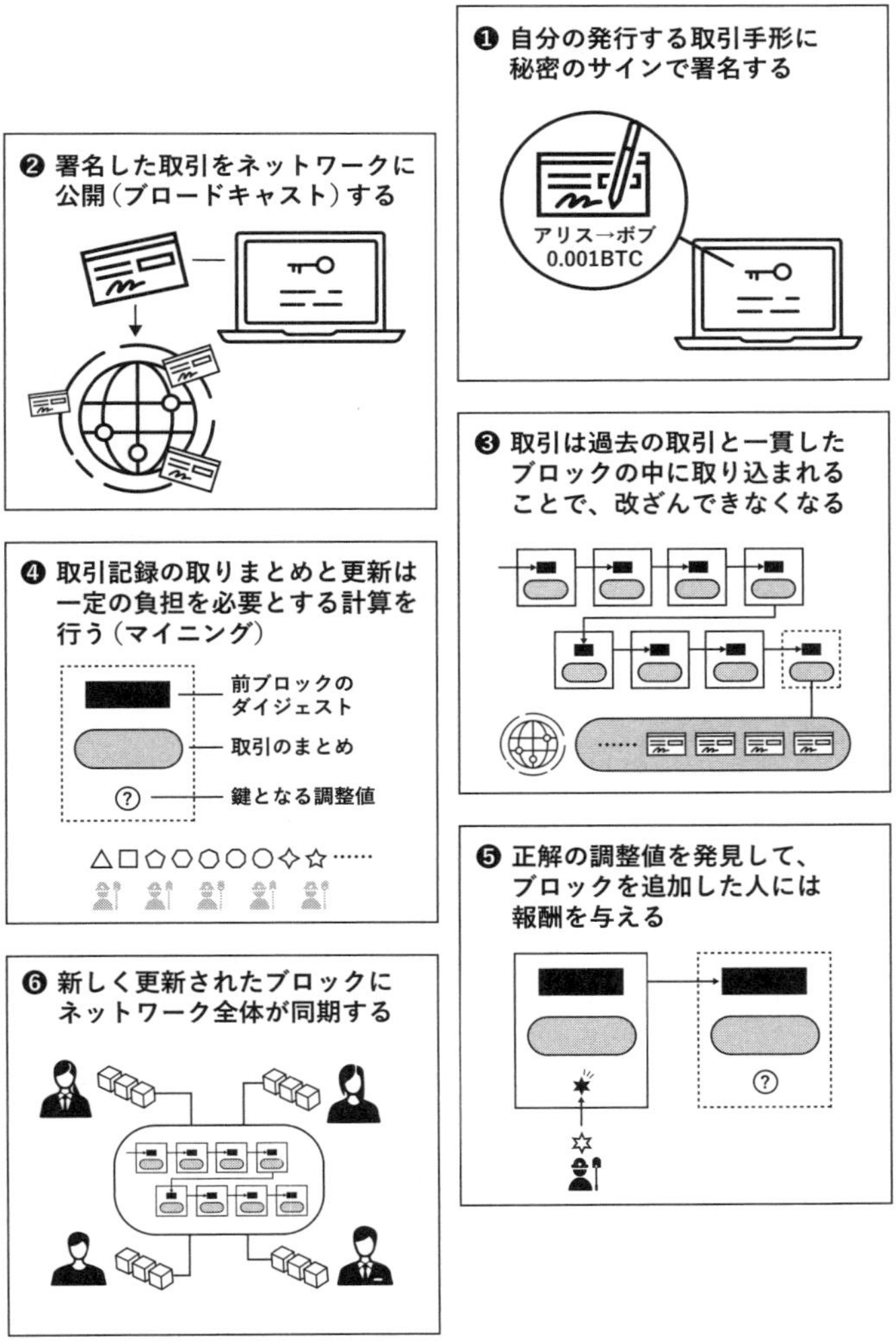

POINT

ビットコインとは、ネットワーク内の取引を、改ざんできない会計記録として、インターネット上の有志が共有し、維持し続けるためのシステムである。

ハッシュ関数を用いた暗号化

ビットコインやブロックチェーンを支えているのは高度な暗号化の技術である、というのはみなさんもご存じかと思います。

そのうち、ブロックチェーン技術に大きく貢献しているのが「一方向ハッシュ関数」という暗号技術です。

そもそも、暗号とは、元の情報（入力値）を全く予想できない別の情報（出力値）に変換することです。一方向ハッシュ関数を用いた場合も、その名のとおり、出力値からの入力値を逆算することが極めて困難となります。また、この際に出力される値のことを「ハ

【ハッシュ関数のしくみ】

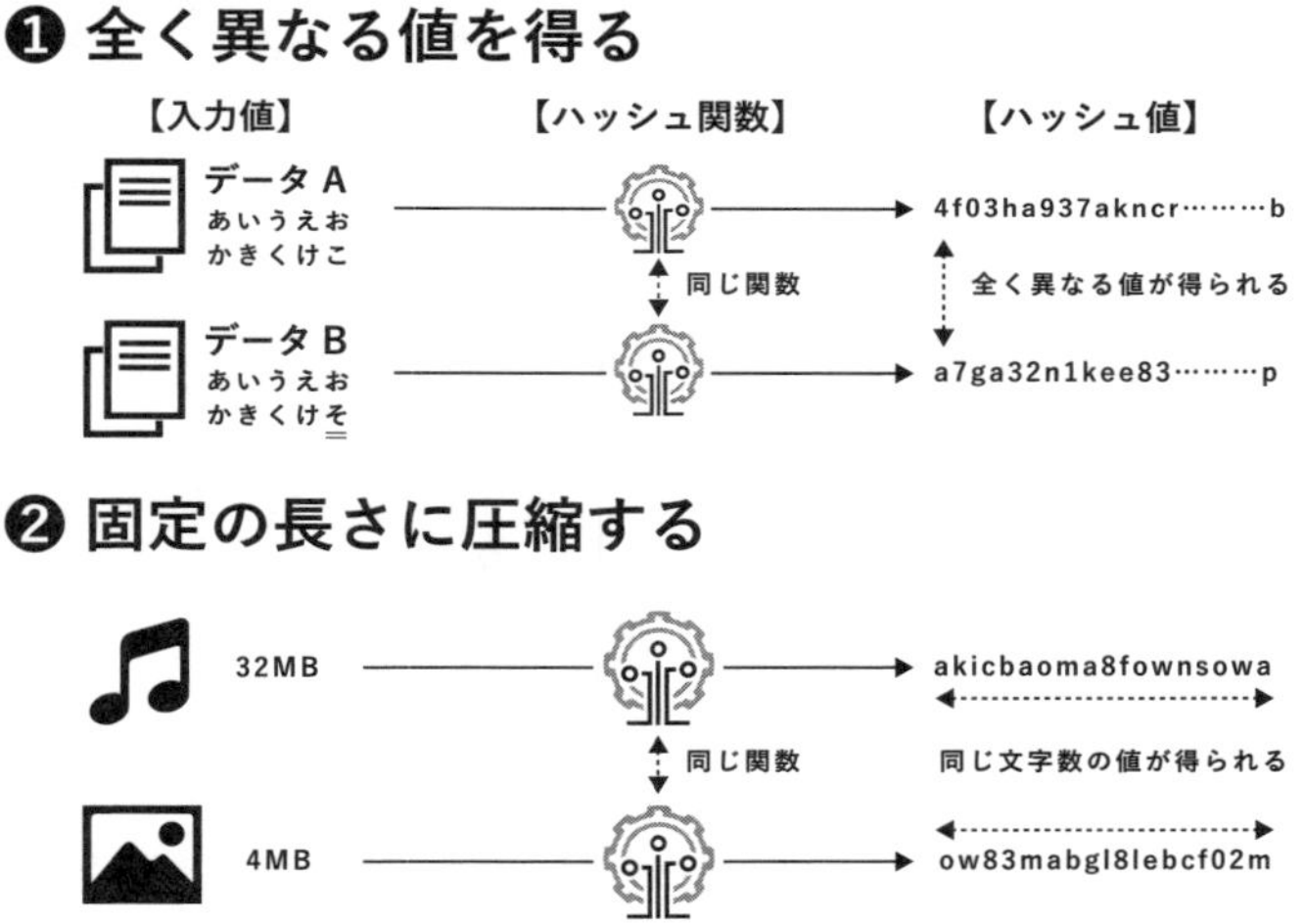

ッシュ値」と呼びます。

一般的には、一方向ハッシュ関数はデータの完全性（改ざんの有無）を検証するために用いられるもので、簡単に言えば、元となるデータの「指紋採取」のような使われ方をします。そのため、一方向ハッシュ関数には、以下の2つの特徴があります。

同一の入力からは同一の出力を、異なる入力からは全く異なる出力を得る

例えば、アリスが送ったデータAが、ボブの手元で解凍されデータBとなったとき、データAとデータBの間で改ざんが加えられているかどうかを確認する際に、一方向ハッシュ関数を利用します。

このとき、データＡとデータＢが完全に一致するデータであれば、それぞれのハッシュ値Ａとハッシュ値Ｂも一致することになります。しかし、少しでも改変が加えられていた場合は、ハッシュ値Ａとハッシュ値Ｂは完全に異なる文字列となります。

任意の長さのデータを、固定の長さに圧縮できる

データＡとデータＢが非常に大きなデータであった場合、完全に一致するかどうかを検証するためのハッシュ値Ａとハッシュ値Ｂが長い文字列では困ります。そのため、一方向ハッシュ関数の出力値は短く固定の長さに圧縮することができます。

ブロックチェーン技術では、このハッシュ関数の特徴を非常に上手く使いこなして、多くの機能を実現しています。

POINT

ブロックチェーンは、データの改ざんの有無の検証と圧縮のために一方向ハッシュ関数という暗号技術を活用している。

①公開鍵暗号方式を用いた電子署名

現在の世の中のほとんどすべての制度は、中央集権的なシステムで設計されています。そのため、生活をする上で、アリスがアリスであることの証明は「信用のおける第三者機関がその人をアリスだと認めた」という形で発行されています。

例えば、免許証は警察による本人確認ですし、マイナンバーカードは自治体による本人確認です。

しかし、P2Pのネットワークにおいて、利用者の権利を確認してくれる第三者機関は存在しませんから、それぞれの利用者が本人であるという証明を行う必要があります。この際に用いられるのが公開鍵暗号と電子署名です。

公開鍵暗号方式とは、「秘密鍵（プライベートキー）」と「公開鍵（パブリックキー）」というペアとなる鍵を用いて、暗号化通信や電子署名を行うための技術です。

公開鍵は、秘密鍵をもとに生成されますが、公開鍵から秘密鍵を知ることはできません。ハッシュ値と元データの関係に似ていますが、まさにそのとおりで、ここにもハッシュ関

【公開鍵暗号方式】

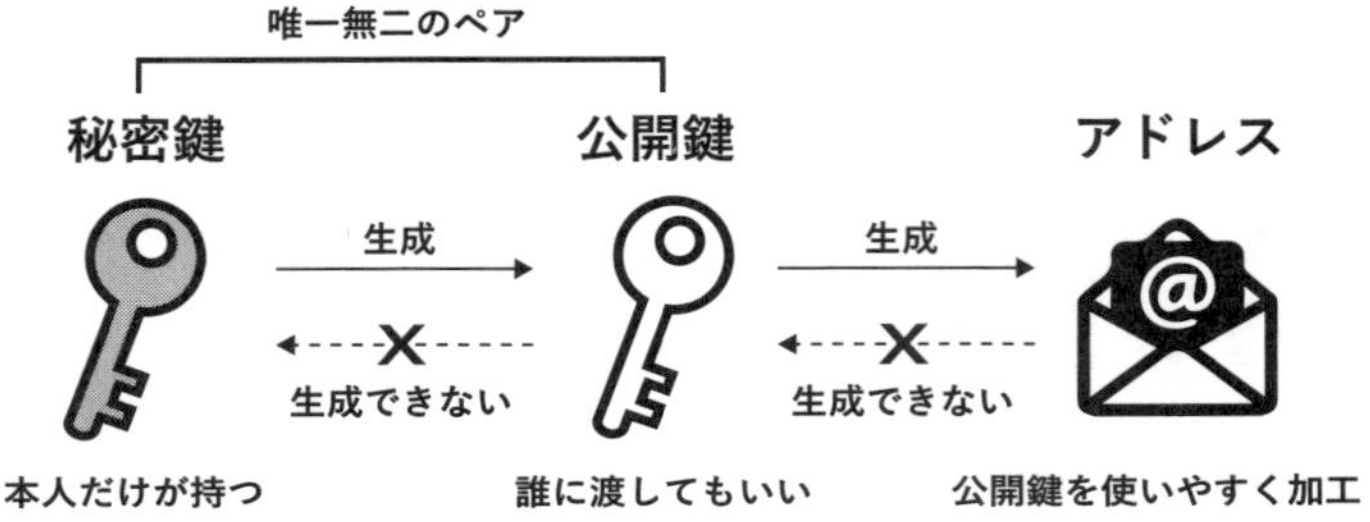

【主に「デジタル署名」と「暗号データ送信」の２つの使い方がある】

秘密鍵で暗号化 ⟶ 公開鍵で復号 ＝ 本人しか送れない：デジタル署名

公開鍵で暗号化 ⟶ 秘密鍵で復号 ＝ 本人しか開けない：暗号データ送信

数が利用されています。

秘密鍵・公開鍵はどちらもデータを暗号化する際に用います。暗号化とは、もとのデータにハッシュ関数をかけて、解読の難しい英数字の文字列にすることだと思ってください。

秘密鍵を用いてデータを暗号化することを電子署名と呼びます。

例えばアリスが自身の秘密鍵で電子署名したデータは、世界中の誰もが使えるアリスの公開鍵で復号ができますが、この公開鍵で復号できる秘密鍵はアリスしか持っていないため、そのデータを送ったのが確実にアリスであると、みんなが確認することができます。

【秘密鍵によるデジタル署名】

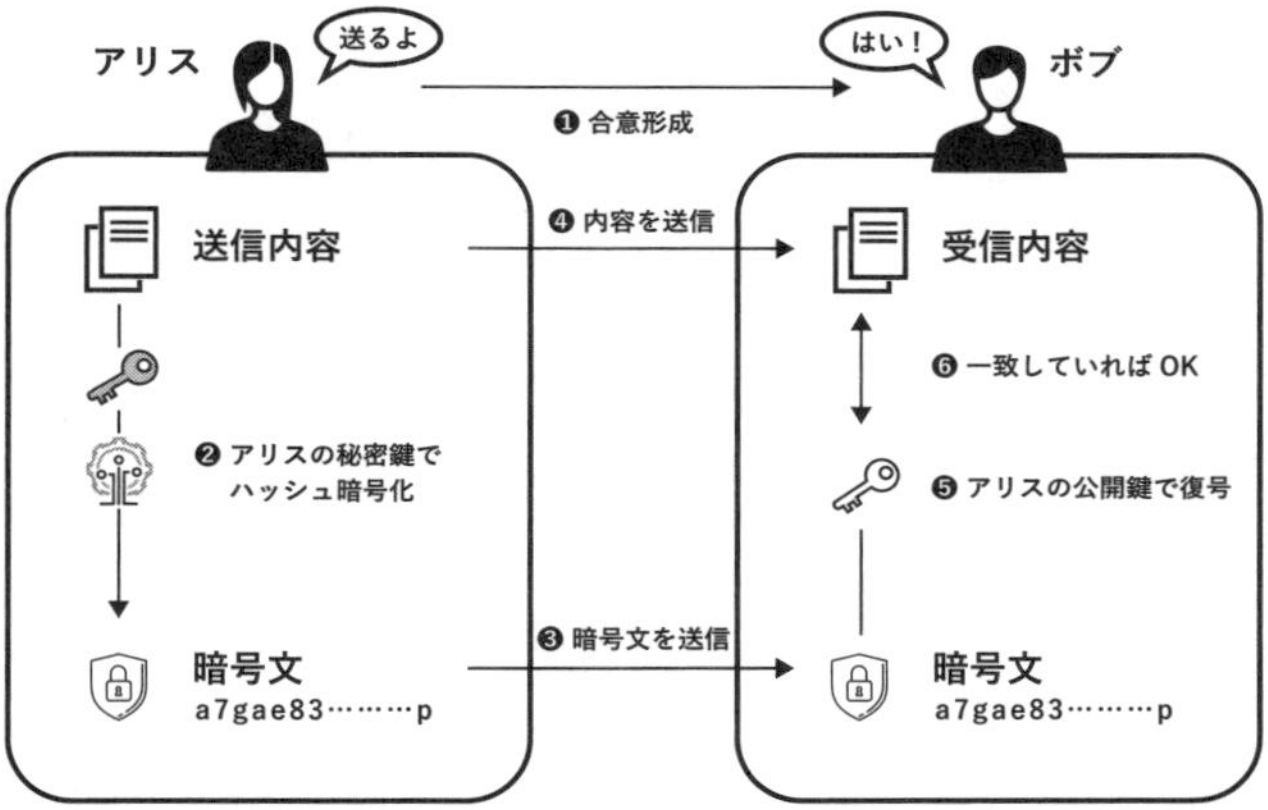

アリスの公開鍵に一致する秘密鍵を持つのはアリスだけ＝本人確認

一方で、公開鍵によって暗号化を施した場合は、秘密鍵を持った本人にしか復号できないデータのため、途中で改ざんが行われていないことを確認することが可能です。

ブロックチェーンのネットワーク内では、秘密鍵による電子署名を用いることで、中央集権的に本人確認を行う機関を頼ることなく、取引の当事者が本人であることを確認するような仕組みを採用しています。取引を本人が行ったことを、本人の指紋認証によって証明するようなイメージです。

また、データの受け取りは秘密鍵と公開鍵から生成するアドレスを用いて行います。秘密鍵と公開鍵のペアは1組ですが、アドレスは1組のペアから、いくらでも作成することができます。誰に見せても構わない口座番号のようなものだとお考えください。

POINT

ブロックチェーン上では、「秘密鍵」という情報を用いて、第三者機関なしに本人確認を行う。

②トランザクション・ブロードキャスト

例えば、アリスがボブに1BTCを支払いたいとします。このとき、「アリスはボブに1BTCを送る」という取引手形（トランザクション）に、自身の秘密鍵で署名を行って、ネットワーク上に公開します。

これをトランザクションのブロードキャストと呼び、ブロードキャストされたトランザクションは取引の記録者によって検証されることになります。記録者はこの暗号化された

【ブロードキャストされるトランザクション】

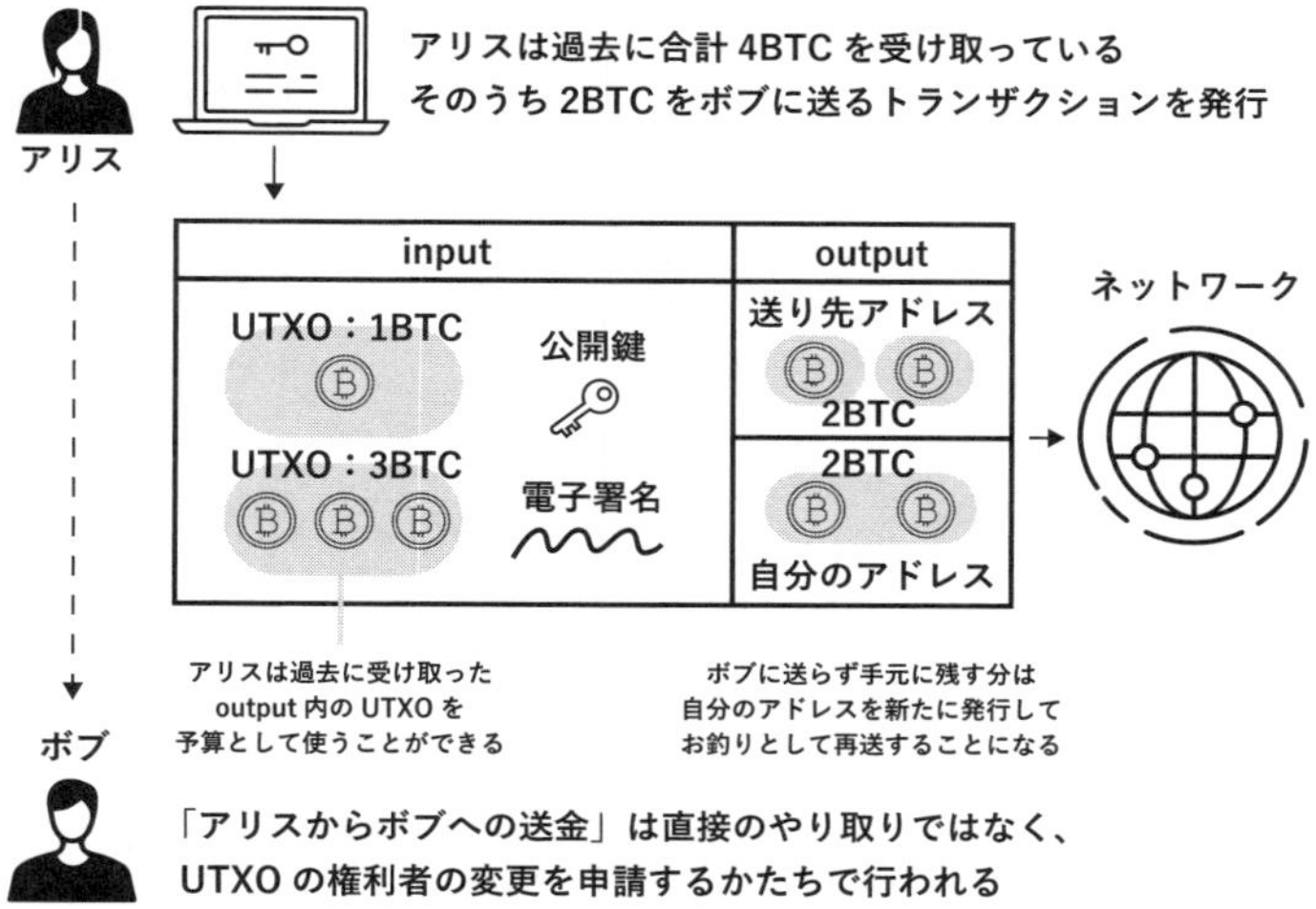

トランザクションをアリスの公開鍵を使って検証することで、本人確認と内容確認を同時に行い、問題がないものを新たな記録に取り込んでいきます。

この際、トランザクションの中で利用できるビットコインは、すべてＵＴＸＯ（未使用のトランザクションアウトプット）という単位でネットワーク内に記録されたものです。

ＵＴＸＯは、特定の所有者が過去に誰かから受け取った分割不可能なビットコインの固まりのことで、過去のブロックと現在取引中の数百のトランザクションの中に散らばっています。

つまり、すべてのビットコインは、誰

かから過去に手渡された債権として、ネットワーク上で記録されている、ということです。
これはみなさんが普段使っている日本円でも同様で、どこからか突然現れたものではなく、身内や知人、企業、政府などからもらったものを、また別の誰かに渡すことで流通しているはずです。

POINT

ビットコインは、純粋な債権記録として存在しており、その記録は、秘密鍵で署名した取引手形（トランザクション）を、全世界に公開することで行われる。

③記録の一貫性を維持するための入れ子構造

ビットコイン上の取引は、一定時間ごとにブロックが順次作成されていく特殊な台帳に記録されていきます。このデータ構造は、全世界でたった1つの記録を分散的に同期させていく上で重要です。

仮に、①秘密鍵を用いた電子署名と、②記録の公開・トランザクションのブロードキャストという仕組みだけで、たった1つの記録を維持していこうとすると、全世界のデバイスを常に完全同期できるほどの超高速の通信網が必要になります。

しかし、現実問題としてそのようなネットワークはありませんから、ひとまず一定時間ごとの区切りを設け、その間の出来事を順番に取りまとめていき、正しい取引であると暫定的に確定していく、という方法を取ることになります。

また、この際にネットワークの記録に関与し、データを保持したり、ブロードキャストされたトランザクションをネットワーク内で受け渡す参加者のことをNode（ノード）と呼びます。

【ブロックチェーンの構造】

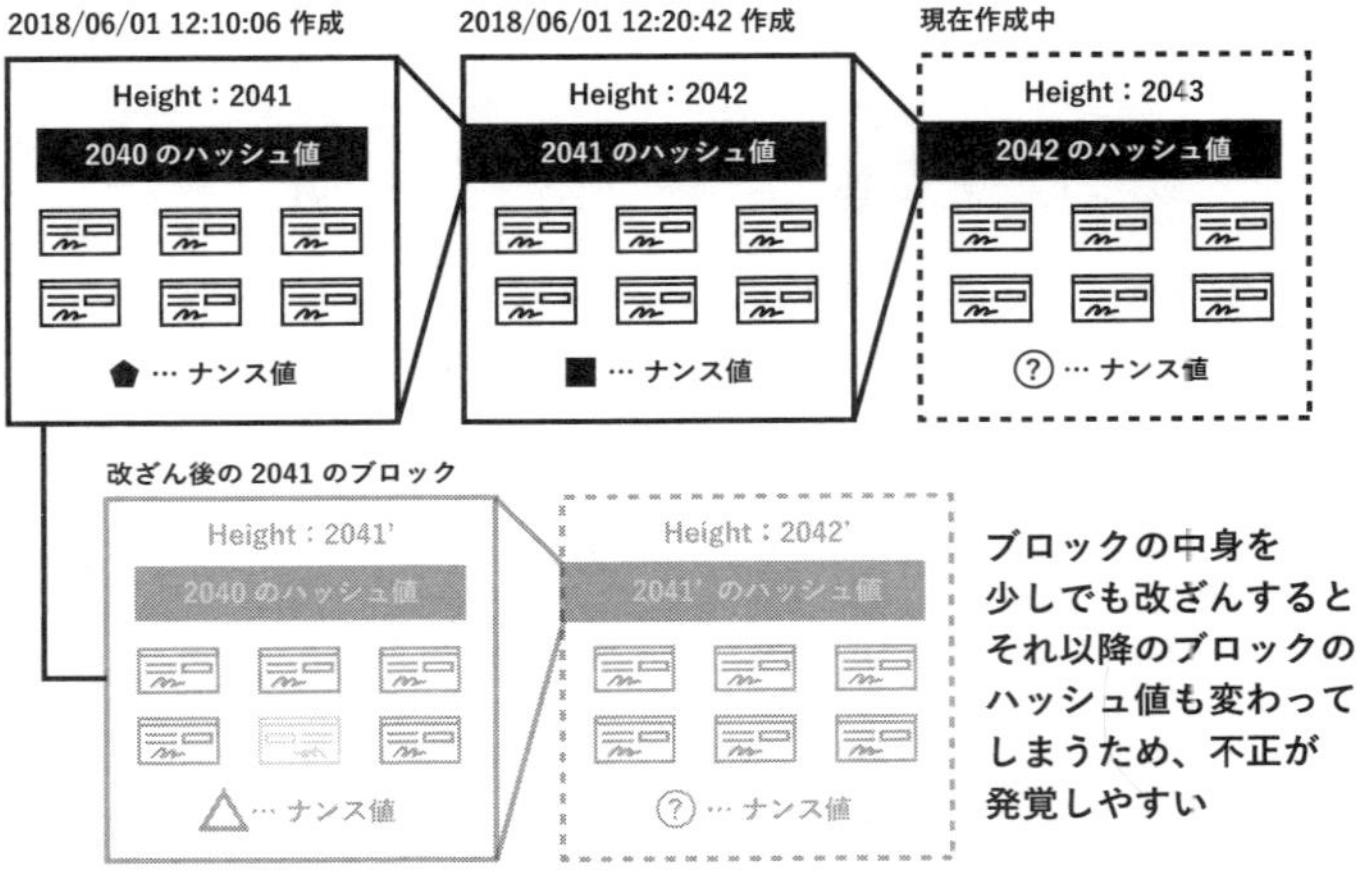

署名されブロードキャストされたトランザクションは、ノード同士の情報共有を経てmempoolという各ノードの一時保管場所に蓄積されていきます。有効であると検証されたトランザクションは、随時最新のブロック（トランザクションを入れる箱のようなもの）に入れられていきます。

ブロックにも容量があり、優先順位の高いものから順にブロックに取り込まれ、溢れた分は次のブロックに回されることになります。

ブロックの内容は大きく分けて3つあり、そのうちの1つが「取引情報」、そしてその他に「前ブロックのハッシュ値」「ナンス値」が揃うと、ブロックが確定し、次のブロック作成が始まります。

前ブロックのハッシュ値とは、その名の通り直前のブロックの全情報にハッシュ関数をかけて求められる数値で、これによって各ブロックは入れ子のように連鎖的に結びついています。

これが「ブロックチェーン」という名称の由来で、このブロック間の連鎖によって過去のすべての取引が現在に至るまで一貫して、改ざんされることなく維持されていることが証明されています。

試しに、過去の取引情報を少しだけ変更してみましょう。すると、そのブロックから得られるハッシュ値は以前のものとは全く別の数値になってしまいます。

すると、ドミノ倒しのように、それ以降のブロックのハッシュ値が変更されてしまうため、どの地点でブロックの書き換えが行われたかが一目瞭然となってしまうのです。

このブロック間のハッシュ値のつながりを「ハッシュチェーン」と呼びます。

POINT

ネットワーク内のすべてのやり取りを、ブロックごとに区切り、1つずつ記録を更新・同期していく。また、ハッシュ関数によりブロック同士を入れ子の関係にすることで改ざんが発覚しやすくなっている。

④記録の正しさを維持するコンセンサスアルゴリズム「プルーフ・オブ・ワーク」

さて、単純にブロックのハッシュ値が変更されたことが判明したとしても、それをネットワーク全体で無効にすることができなければ、ネットワーク上の記録を唯一無二の正しい台帳として、一貫して利用し続けることはできません。

また、新たに追加されたブロックそのものが不正な取引を含むものであれば、その間違いを正す必要があります。そうした悪意の攻撃者がなるべく現れることのないようなシステムを設計しないことには、安定したネットワークを維持し続けることは困難でしょう。

こうした理由から記録の正しさ、正当性を一貫して維持するには、単なる入れ子型のハッシュチェーンでは不十分です。そこでビットコインのブロックチェーンには、ネットワーク内で正しい記録を維持し続けるための合意形成の仕組みとしてコンセンサスアルゴリズム「プルーフ・オブ・ワーク（Proof of Work）」が組み込まれています。

まず、ブロックから求められるハッシュ値には「先頭に一定の長さの0が並ぶ必要がある」という条件を設定します。

ところが、ハッシュ関数によって得られる値には「入力値が同じなら、同じハッシュ値が出力される」「入力値によって出力値が大きく変動する」という特徴があるため、前ブロックのハッシュ値と直近の取引記録だけでは、この条件を満たすことができません。

そこで、出力されるハッシュ値がこのルールに従うように、ブロックの中身を調整する使い捨ての情報が必要になります。この使い捨ての情報が「ナンス値」と呼ばれるものです。

しかし、「出力値から入力値の逆算ができない」というハッシュ関数の仕様上、求めるハッシュ値を出すためのちょうどいいナンス値をすぐに求めることのできる効率的な計算方法は存在しません。

【Proof of Work】

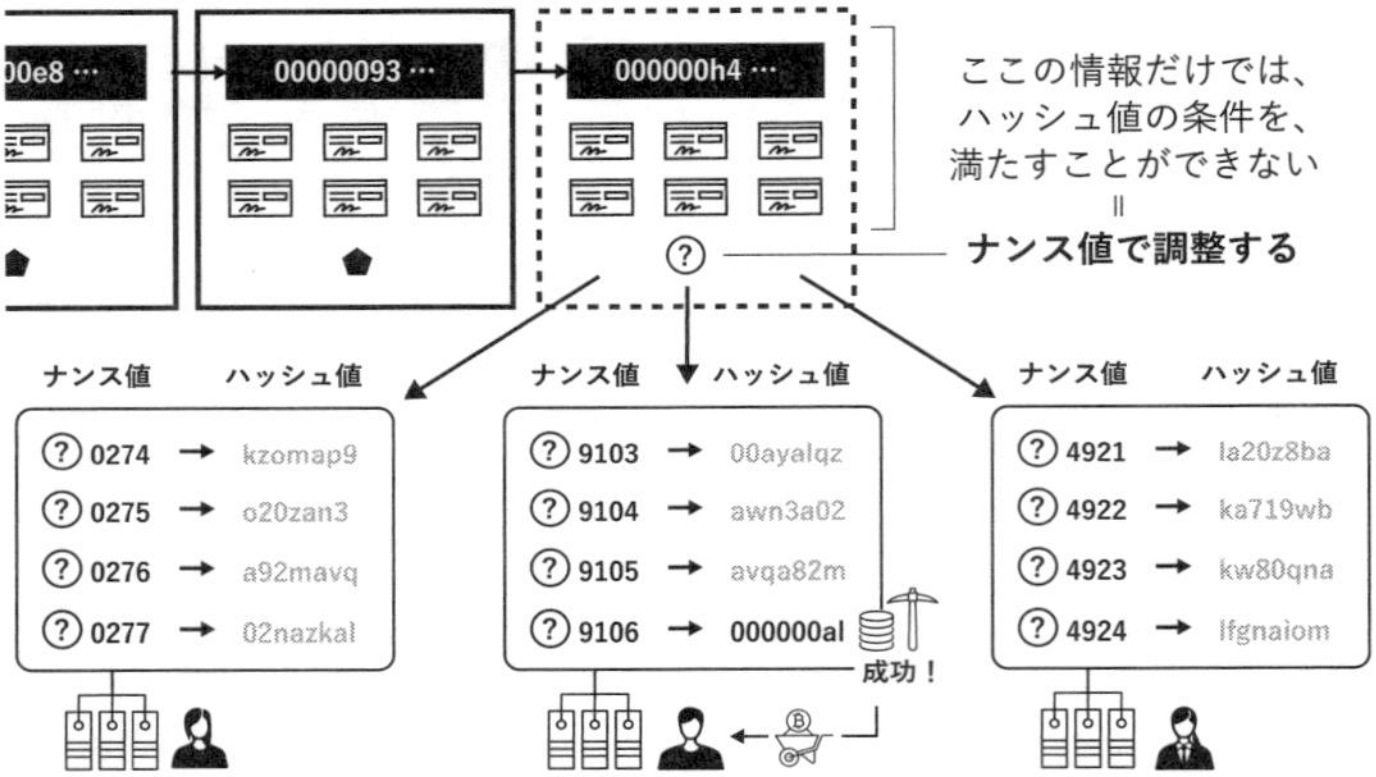

❶ ナンス値を見つけることを通じて、ブロックを１つずつ確定していく
❷ 新たにブロックを作成した人には、報酬としてビットコインが与えられる
❸ 不正を行うには、ナンス値を見つけるために膨大な計算をする必要がある

そのため、ナンス値を求めるには総当たり式にハッシュ関数を用いた計算を何度も繰り返し、「先頭に一定の長さの0が並ぶ」という条件を満たす数値を誰かが見つけ出さなくてはなりません。

これにより、各ブロックのハッシュ値はすべて「膨大な計算競争の結果見つけられたナンス値があって初めて得られたもの」となります。当然、過去のブロックの取引を改ざんしようとすれば、それ以降に必要となるナンス値もすべて今のものとは別の全く新しい値を見つけなければなりません。

その一つひとつに膨大な計算を要するために、過去の記録を改ざんすることが困難で、結果的に現在のブロックに至るまでの記録が一元的に正しいとみなすことができる、これが、プルーフ・オブ・ワーク（Proof of Work）、直訳すると「仕事の証明」と言われるコンセンサスアルゴリズムです。

しかし、なぜこのように一見して無意味な計算作業に取り組む作業者がいるのでしょうか？

それは次に説明する報酬設計の仕組みが組み込まれているからです。

POINT

ハッシュ値に特定のルールを設け、膨大な計算をしなければブロックを生成できないようにすることで、ハッシュ値同士の結びつきを強固とし改ざんを困難にしている。

ナンス値を発見して新しいブロックを作成する際、作業者は任意の相手に対する全く新しいUTXOを作成することができます。要するに、自分宛てにビットコインを新規発行することができるのです。

これは、ネットワーク内で行われた取引を記録したことに対する報酬としてネットワーク内で独自に発行される新たな債権であり、ビットコインはこの方法以外で新たに発行されることはありません。

このように報酬としての通貨発行をシステムに組み込んだことで、PoWの仕組みが真の力を持つことになります。

⑤計算競争の勝者はネットワークから報酬を得る

例えば、地図が描かれたジグソーパズルを想像してみてください。パズルの作成者にとって重要なのはそのパズルを解き明かし、その地図を完成させることだとします。

このとき、より多くの人にパズルに取り組んでもらい、その人達が同じように誠実にパズルに取り組み、より正確な結果を導いてもらいたいのであれば、パズルの1ピースに財宝のマークを書けばいいのです。

「このパズルを誰よりも早く解けた人は、財宝を手に入れることができます」と言って参加者を募れば、財宝を手に入れたいと思う人が、パズルを誰よりも早く間違わずに解く努力をするでしょう。

ビットコインの場合も同様で、ネットワークを維持するために必要な競争を設け、その競争で得られるものをネットワーク内の債権（つまりは通貨）として発行することで、ネットワークの根幹となる記録を正しく維持することが可能になりました。


このように、総当たりの計算を通じて、ネットワークを維持する希少な資源（ナンス値）を発見し、それを自身の資産とする行為は、金の採掘などに例えられ「マイニング」と呼ばれています。また、これに参加する作業者を採掘者、「マイナー」と呼びます。

初期は、ブロックを生成する度に50ＢＴＣ（２０１６年４月段階のレートで約６００万円相当）の報酬がマイナーへ支払われていましたが、ビットコインの場合はマイニング報酬が約４年おきに「半減期」を迎えるよう設定されており、２０１６年夏には25ＢＴＣから12・５ＢＴＣに半減しました。最終的には、２１４０年ごろにマイニング報酬が

0BTCとなります。

報酬がなくなると、マイナーがマイニングをやめてしまう恐れがありますが、マイナーの受け取れる報酬がもう一つ存在します。それは、ビットコインを送金する際に利用者が支払う手数料です。この手数料はチップのようなもので、送金の際にネットワークの利用者によって支払われ、マイナーの報酬となります。

また、そのころにはビットコインの供給量の減少に伴う価格の高騰や、ビットコインの取引量自体が増加することで、送金手数料だけでも十分な報酬となり、引き続きマイニングに参加するマイナーが存在するだろうと考えられます。

POINT

計算競争（マイニング）に参加する記録作業者（マイナー）は、作業の報酬としてビットコインを得ることができるため、マイナーは誠実な作業者として振る舞う。

⑥更新された取引記録に ネットワーク全体が同期する

ブロックを生成してブロックチェーンに追加したマイナーは、自分以外のマイナーの持つブロックチェーンにも、生成したブロックを追加するように依頼を行っていきます。

ナンス値を見つける競争に後れを取ってしまったマイナーは、次のラウンドで勝利して報酬を得たいと考えていますが、それに参加するにはまず、どのブロックチェーンが有効か、を判断しなければなりません。

というのも、ビットコインのブロックチェーンにおいては、最も長くブロックを繋げたチェーン（つまり、最も多くの計算に取り組んできたチェーン）が唯一の正しいブロックチェーンであるとみなすため、誰かが新しいナンス値を見つけてしまった時点で、今のブロックにこだわるのではなく、その次のブロックのナンス値を見つける作業に取り掛かる方が合理的だからです。

各マイナーは、ナンス値の発見に成功した作業者から受け取ったブロックが正しいかを確認します。この確認作業は、ブロックのデータにハッシュ関数を掛けて一定数の0が並んでいるかをチェックするだけですので、ナンス値を探すよりもはるかに簡単な作業です。

このように他の作業者たちによって確認がなされていき、確認が終わると作業者は、次のブロックの生成を始めます。

これにより、ブロックチェーンに参加する人々の間で「ネットワーク内でどういったやり取りが行われたか」の合意が生まれ、それがネットワーク内の事実として確定します。

アリスがボブに対して送った1BTCは正式にボブのものとなり、ボブは新しく誰かに1BTCを送る権利をネットワーク内で得ることになるのです。

POINT

生成された新しいブロックは、ネットワーク内の他のマイナーに伝播されていき、各マイナーは検証を行った後に自身のブロックチェーンに追加していく。

ビットコインのセキュリティ

ブロックチェーンが悪意のある人間によってハッキングされ、データを改ざんされることはないのでしょうか。

仮に、あるブロックの中の記録を変更したとします。そうすると、前述したブロックチェーンのデータ構造の特性上、そのブロックのハッシュ値も変わってしまうため、一定数の0が並ばなくてはいけないというルールを破ってしまうこととなります。

ルールを破っているブロックを、マイナーは正しいブロックとして承認しないので、ナンス値を調整してブロックのハッシュ値をルールに合うようにしなければなりません。

要するに、1つのデータを変更するということは、その後ろのブロック、つまり最新のブロックまでのすべてのブロックの生成に伴う膨大な計算を1から行わなくてはいけないことになります。

ブロックの生成をやり直し、他のマイナーの持つブロックチェーンよりも長いブロックチェーンを生成することができれば、改ざんを行ったブロックチェーンが、他のマイナー

【ビットコインのハッシュパワー分布】

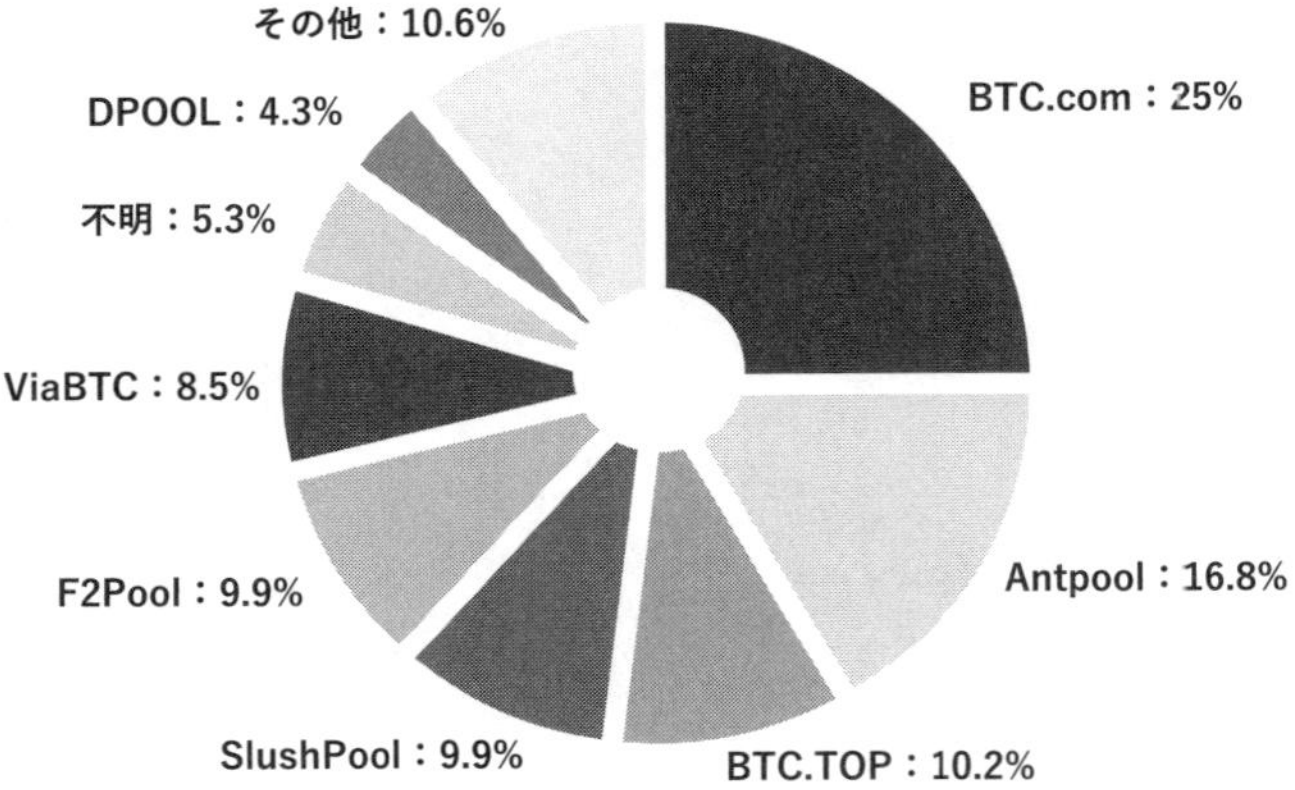

Blockchain.info より作成（2018/06/25 時点）

にも正しいものとして受理され、ネットワーク内でそのブロックチェーンが正しい記録として承認されることになります。

しかし、その間にも他のマイナーたちは新規ブロックの生成をし続けているので、追い越すのは至難の業です。

これがブロックチェーンの改ざんが非常に難しいと言われる所以で、事実ビットコインのブロックチェーンは２００９年に稼働し始めてから一度も改ざんされていません。

51%以上の計算力（ハッシュパワー）があれば、理論上は改ざんも可能ですが、そのようなハッシュパワーを独占しているマイナーはいないため、そのような事態は起きないと見ておいてよいでしょう。

仮に単独のマイナーが51％以上の計算力を得て、改ざんを行うとすると、利用者からのビットコイン自体への信用がなくなってしまうでしょう。ビットコインを利用しなくなり、ビットコインの価値自体が失われます。すると、マイニングによって得たビットコインないしは、改ざんしたこと自体が無意味になってしまう可能性があります。

こういった理由から、わざわざ計算力を増大させてブロックチェーンの改ざんを行うよりも、通常通りマイニングに参加し、報酬としてビットコインを得るほうが、より経済合理性があるということになります。

POINT

ビットコインのセキュリティは連鎖するブロックそれぞれにかけられた暗号と、経済的な合理性の2つに守られている。

ビットコインをベースにした様々な通貨

革新的なお金のシステムとして注目を浴びたビットコインですが、実際に利用していく上では看過できないいくつかの問題が、当初から指摘されていました。

こうした個別の問題を解決するべく、ビットコインに部分的な改良を加えた通貨が開発されています。

①ブロック生成時間の問題

まず、ビットコインのブロックチェーンではブロックの生成が10分に一回しか行われません。つまり「支払いを済ませた」という事実を確定させるのに、最低でも10分間かかるということです。

すると、コンビニエンスストアでカップラーメンを買うべくビットコインを支払ったとしても、レジの前で10分近くブロックの生成を待つ羽目になります。取引が承認されるまで、ラーメンの調理にかかる3倍近くの時間待つようでは、即時性が重視される少額決済では利用することができません。

ビットコインの原型はリディア王国の金属通貨ではなく、メソポタミアの台帳ですから、小売りという現実世界の最も一般的なユースケースに適していなかったのです。

取引承認時間の問題を、ブロック生成の難易度調整によって解決しようとしたのが「ライトコイン（Litecoin）」や「モナコイン（Monacoin）」などのアルトコインです。

ブロックの生成の際に必要な計算の難易度は、ブロックチェーンのセキュリティの源泉となるため、取引の承認にかかる時間とブロックチェーンのセキュリティはトレードオフの関係にあります。

ライトコインは取引承認時間が2分半になるように、計算競争の難易度を調整しており、現実的な送金処理や支払手段として使える通貨を志向しています。

また、ライトコインの登場以降、より承認時間の短いモナコインなどのアルトコインが作成されることになりました。

しかし、承認時間が短いほどブロックチェーンの分岐を利用した二重支払いなどの攻撃をしやすくなってしまいます。実際に２０１８年にはモナコインやバルジコインなどのブロックチェーンが、こうした攻撃の対象となりました。

②取引量の上限問題

ビットコインが一回のブロックに取り込めるデータサイズはブロックチェーンの仕様上固定されています。

ビットコインが開発されて間もないころは、1つのブロックで36MBの取引データを持つことができましたが、2010年にスパム対策や潜在的なDoS攻撃に備える形で1MBに減らされました。ところがビットコインを利用した取引が増えるにつれて、ブロック生成の際に一部のトランザクションが保留になってしまうといった事態が発生するようになります。

しかし、安易にブロックのデータ容量を大きくしてしまうと、ノード同士がブロックの共有と同期を行う際の通信に負荷がかかり、全ノードが最新ブロックを共有するのに長い時間がかかるようになります。このタイムラグを利用して、ブロックチェーンを意図的に分岐させると二重支払いを起こすことが出来てしまいます。

こうした事情から、「ブロックサイズを変更せずにトランザクションの仕様を変更することで取引1回あたりのデータ量を小さくしよう」という勢力と、「ブロックサイズを変更してすべてのトランザクションが必ずブロックに取り込まれるようにしよう」という勢力の対立が発生します。

両者は折り合うことなく、2017年に決裂。ブロックサイズを2MBに変更し、取引承認の仕様を見直した「ビットコインキャッシュ（Bitcoin Cash）」が誕生しました。

なお、ビットコインキャッシュは現在8MBまでブロックサイズを拡大しています。

③プライバシーの問題

次に、ビットコインの取引におけるプライバシーの問題と、それに対処する匿名系通貨の誕生についてです。

ビットコインはしばしば匿名の決済ネットワークと思われていますが、同時に世界で最も透明性の高い決済ネットワークでもあります。

ビットコイン取引のすべては、アドレス間の債権記録の引き渡しとして公共空間で行われます。このため、追跡可能性（トレーサビリティ）が非常に高く、一度アドレスと個人が結びついてしまうと、その人の取引を捕捉し続けることができてしまいます。

これに対して、各取引の匿名性を担保する通貨として、「ダッシュ（DASH）」や「モネロ（Monero）」、「ジーキャッシュ（Zcash）」などのコインが生まれました。

ダッシュやモネロの場合、ブロックチェーン上に取引の履歴が公開されることは他の仮想暗号通貨と変わらないのですが、送金元のアドレスが特定されにくい仕組みとなっています。

またジーキャッシュは、取引の記録を専用の鍵を持っているユーザーしか閲覧できないようにすることで、プライバシーの保護を図っています。

これらの通貨は、ビットコインで採用されている技術とは異なる暗号化処理を施すことで、取引データを閲覧する権利を、自由にコントロールできるようにしています。自分だけにすることもできますし、家族に公開する、もしくは特定の機関だけに公開するといったことも可能です。

以上のように、初期から最近にかけて、ビットコインの通貨としての魅力を重視する開発者達は、その基本設計を踏襲しながら、直面する課題を解決できるような新しい「仮想通貨」を生み出してきました。

POINT

ビットコインは、送金にかかる時間や処理できる取引数、利用者のプライバシーについて課題を抱えており、それらの改善策として初期のアルトコインが開発された。

ビットコインによってお金のあり方が再提案された

ビットコインは、世界中で共有されているインターネットという空間を利用し、誰か特定の存在が管理するのではなく、利用者たちが協働（競争）することで、一貫した預金台帳を維持するシステムです。

この発明は、異なる2系統の技術として分岐していた「会計制度」と「通貨制度」という2つの「お金のあり方」を1つに統合するものでした。

会計制度は「当事者間で結ばれた約束を情報世界の出来事として記録していく」というアプローチです。取り交わされた約束とそれに伴う債権が、預金の残高情報として記録されることで、別の誰かとのやり取りを可能にします。また、純粋な情報であるがゆえに、物理的な制約を乗り越えやすいと言えます。

一方、通貨制度は「世界中で行われた約束の結果を現実世界の出来事として記録していく」というアプローチです。現金の物理的な移転という、目に見えて肌で触れられるリアルな説得力が、約束が履行され債権が移動していくことに有無を言わせません。

両者の利点を組み合わせ「情報の世界における現金」として開発されたのがビットコインという訳です。

こうして現在は「ケンタッキーフライドチキン」や「ビックカメラ」、「楽天」や「マイクロソフト」といった大企業がサービスへの決済手段としてビットコインを受け入れ始め、実際に使えるお金となりつつあります。

特に海外旅行の際には、世界60カ国以上で設置されているビットコインＡＴＭを利用して外貨両替手数料なしに様々なショッピングを楽しむことも可能です。２０２０年の東京オリンピックに向けて、国内の仮想通貨決済もどんどん普及していくことでしょう。

次章からは、貨幣制度の新たな仕組みを提案したビットコインの「ブロックチェーン技術」が世の中に与えている様々な影響について、詳細に見ていきましょう。

POINT

ビットコインは電子的な支払い台帳をアップデートして、「金（ゴールド）のような電子情報」を生み出した。

第2章

記録とブロックチェーン

記録を中央管理せざるを得なかったのはなぜ？

何かを記録するという行為は、人類史の中で、お金だけでなく様々なシーンで行われてきました。とすると、お金の記録以外にもこのブロックチェーンは、活用できるはずです。

そもそも「記録」とは、この世の中で起きた出来事を、他者に伝えるために、何らかの媒体に写し取っていく行為です。

このとき、長らく利用されてきた「文字」という技術を扱えること自体が、歴史上とても貴重な能力だったことを私たちはしばしば忘れてしまいます。文明の条件として欠かすことのできない文字ですが、古代から中世に至るまでの識字率は非常に低く、一部の特権的な人間しか扱うことのできないものでした。

同時に、文字を用いて何かを「記録」する、という行為は人間の生活に必要な衣食住に直接的に寄与しない営みです。物書き業はもちろんのこと「文字を用いて何かを記録する役割」は、高度に役割分担が進んだ社会の中でしか、存在し得ない職業です。

こうした特権的な人間は専門の教育機関で識字能力を習得し、官僚として国家や共同体運営の中枢を担っていました。メソポタミア文明の書記、古代ローマの神官、中国の科挙など、文字の読み書きができる、ということそのものが、限られた一部の人間にだけ許された特殊能力だったのです。

また、物理的な媒体には、劣化や破損、紛失、改ざんのリスクがあります。さらに、中国で発明された製紙技術がタラス河畔の戦いでヨーロッパに伝来するまで、世界中で発生する出来事に対してそれを記録する媒体には限りがあり、非常に多くの制約を抱えていました。

さらに、膨大な情報がありとあらゆるところでバラバラに保管されていては、後の世の人々がその記録を上手く利用することができませんし、そうしたバラバラの情報の中に嘘の情報が混在している場合、すべての記録の価値が失われてしまいます。

こうした事情から、「文字を用いた厳密な記録の作成は、一部の特権的な専門技術者によって行われる」「記録はそれを保管し、継承していく力と必要性のある権威のもと、その管理能力によって維持される」ということが一般的とされてきたのです。

歴史をひもといても、記録のほとんどは権威のそばにあります。古代では、アッシュールバニパルの宮廷図書館、アレクサンドロス大王のアレクサンドリア図書館など、価値ある記録の管理集積地は権力者のお膝元に設立されてきました。
記録の作成自体はヘロドトスやトゥキディデスのように市井の歴史家によって行われたケースもありますが、現代においても価値ある記録として用いられる多くは、時の権力者たちによって編纂されてきたものか、彼らのバックアップのもとで権威化されたものがほとんどです。

POINT

古来より記録を書き記し、管理することは一部の特権階級の営みであった。

記録の分散化と新たに生まれたハブ

中央集権的に生じた記録システムは、過去に2度大きな変革を経験しています。それが活版印刷とインターネットの発明です。

15世紀半ばにヨハネス・グーテンベルクが考案し実用化に成功した、金属活字を使った印刷術、活版印刷の技術は中世における最も重要な発明の1つです。活版印刷は、ルネサンス、宗教改革、啓蒙時代、科学革命の発展に寄与したと言われていますが、功績として特筆すべきは識字率の向上と記録された情報の大量生産でしょう。

これにより、出来事や考え方を、すぐさま文字情報に写し取り、すばやく大量の人間に伝えることができるようになりました。これは印刷業・出版業の始まりであり、記録の作成者と閲覧者を大幅に増やすことになります。

また、20世紀に普及したインターネットは、既存のインフラであった電話線網を用いて遠隔地のコンピュータ同士の通信を可能にしました。アメリカ国防総省の高等研究計画局が資金を提供したARPANET（Advanced Research Projects Agency NETwork）は、世界で初めてパケット通信を実現し、その後様々な通信プロトコルが開発されることになります。

1982年にはインターネット・プロトコル・スイート（TCP/IP）が標準化され、TCP/IPを採用したネットワーク群を世界規模で相互接続する「インターネット」という概念が提唱されます。その後、営利目的のインターネットサービスプロバイダ（ISP）が1980年代末から1990年代に出現し始め、民間へ普及していきました。

インターネットは記録の作成と流通を活版印刷以上に分散化させることに成功しました。ところが、ここでやり取りされる大量のデータを破綻なく処理するために、ハブとして通信内容を一元的に記録していくサーバーが求められるようになります。結果として、現代の世の中は「大量の記録を管理するサーバー」と「サーバーにアクセスして情報を利用させてもらうクライアント」に二分されることになりました。

かつて、ヨーロッパで商圏が急拡大したとき、取引のハブとなる銀行が生まれたのと同じです。

POINT

活版印刷とインターネットによって、記録の作成と閲覧は分散し、より広範なネットワークを形成するようになった。しかし、それらの維持・運用は中央集権的なサーバー保有者が担うことになる。

記録を一元管理する弊害

記録が中央集権的に管理されることの問題は2つあります。1つが「情報のコントロール権」の問題、もう1つが「管理コスト」の問題です。

まず、情報のコントロール権についてですが、そもそも現実の世界では自分の知りえた情報や、自分の生み出した情報はすべて自分の頭の中から生まれた自分だけの資産です。しかし、インターネットなどの情報の世界においては、情報サーバーを有する記録の管理者に委ねなければならず、またサービスを利用していく中で生まれた情報も、管理者のサーバーに記録されてしまいます。

記録の管理者は、そこに記された膨大な情報に自由にアクセスすることが可能ですし、それらをより巧みに利用することができます。その一方で一般の利用者は情報にアクセスする際に管理者の許可を必要とするうえ、利用できる情報にも制限がかかります。

また、記録の管理者は、集めた情報を自分の都合のいいように改ざんしたり、情報提供者の意図しないかたちで利用したりと、一方的に情報を活用することが可能です。

さらに、記録の管理は、情報を随時集積していくものなので、先行者利得が大きい分野です。そのため、より先により多くの記録を扱うようなプレイヤーが現れると、それに取って代わることのできる存在が出にくくなっていきます。


もう一方の管理コストの問題ですが、膨大な記録が一箇所に集約されるようになると、中央管理者の負担が増大します。ところが、このとき発生した負担は、一般の利用者が引き受けさせられてしまいます。ちょうど、ＡＴＭやクレジットカードを利用する際の手数料のように、巨大なシステムを運用するために発生するコストが末端に返ってきてしまう傾向にある訳です。また、市役所の手続きに半日待たされる、というような、目に見ないコストも中央管理による弊害の1つです。

さらに、一極集中管理される記録は、そのピンポイントを攻撃されることですべて失われるリスクを伴います。歴史上、数限りない書庫が火災に見舞われたこと、現代においても記録の管理者がハッキングの被害にあっていることからも、一極集中管理のリスクは軽視できません。そして、それを防ぐためのコストもまた、利用者にフィードバックされることになります。

以上のように、記録を一元管理する存在のもとでは、「情報のコントロール権」と「管理コスト」の2点で、ユーザーに不利益が発生しやすい傾向にあります。

POINT

記録が中央集権的に運用されると、情報のコントロール権が本来の所有者から失われ、増大した管理コストが利用者側に押し付けられるようになる。

システムが代表者を選び、記録を維持する

記録とは「世の中の出来事を、他の誰かに伝えるために、文字やデータに写し取ること」として説明してきました。これはつまり、記録という行為自体が人と人とがコミュニケーションを補強するひとつの手段だということです。

つまり、異なる人間同士がある事実を認め合うとき、その合意が簡単には覆らないように記録という行為を行うわけです。例えば、アリスがボブに借金をするときには、その合意が借用書として記録されますし、アリスとボブが結婚する際には、その合意のもと婚姻届を書き、それを政府が受け取って保管することで簡単には覆らないようになります。

ブロックチェーンが合意しようとしているのは、「過去にネットワーク内で何が起きたか」という事実そのものです。

こうした合意を正しく一貫して維持・管理していく作業を、分散的に行うことができないか？　つまり、中央管理者に頼ることなく、正しい記録を行う方法はないかという問題について、長らくシステム設計者を悩ませてきたのが、いわゆる「ビザンチン将軍問題

(Byzantine General Problem)」でした。

ビザンチン将軍問題とは、1980年に数学者のレスリー・ランポート博士らが考案した分散システム上の信頼性に関わる問題のことで、簡単に言えば、「参加者が平等に意思決定を行えるネットワークの中に、悪意の存在やエラーを起こす存在がいるとき、それぞれが遠隔地にいるネットワーク参加者はひとつの合意にたどり着くことができるか?」という問題です。

この問題について、ランポートらの論文の中でも、大量のメッセージをやり取りする形で実現する方法で解法が用意されていましたが、1980年当時では実現が難しいとされていました(なお、現在では5章でも紹介するPractical Byzantine Fault Toleranceというコンセンサスアルゴリズムが開発され第3世代ブロックチェーンの原型となっています)。

これに対し、ビットコインのブロックチェーンは、プルーフ・オブ・ワーク(代表の記録者を仕事の多寡に応じて確率的に選び報酬を与える)という合意形成の仕組みを考案して、実用レベルのビザンチン障害耐性を備えた分散システムを実現したことは前に述べました。

なお、ブロックチェーンがこれを実現できた背景として、世界規模のネットワークであっても情報の伝播がすぐに完了するようになっていた、という通信技術の発達があります。というのも、新しいブロックが作成されたという事実が地球の裏側に伝わるまでに1時間以上かかってしまうような場合、1つのブロックの生成にはそれだけの時間を要することになります。

インターネット上の高速・大量・網羅通信によって情報共有が可能になったことで、ネットワーク内の相互監視による裏切り者探しはほぼ実現しており、残るピースは「その中の誰が記録を行うのか」「その存在が嘘をついたときに対抗できるか」を決定する仕組みだけでした。そこにビットコインが通貨という報酬モデルをはめこんだ、というわけです。

POINT

インターネット通信網の発達にともなって、情報共有の効率が飛躍的に高まったことで、PoWのようなコンセンサスアルゴリズムが可能になり、ここで初めて特定の管理者を持たない記録とネットワークが実現された。

ブロックチェーンパラダイム

さて、ここまで記録という側面にフォーカスして、ブロックチェーンを捉え直しました。ビットコインは当初、「お金の再提案」として世間の脚光を浴びましたが、今時点において、より注目を集めているのはビットコインそのものではなく、ビットコインを実現したブロックチェーン技術です。

このブロックチェーン技術は、何がどのように革新的だったのでしょうか?

ブロックチェーンという名称は、一定時間ごとのデータがブロック状にまとめられ、次々と連鎖的に繋がっていく様子から名付けられたものですが、ビットコインの発明者であるサトシ・ナカモトは、この技術を「ブロックチェーン」とは呼んでいません。

サトシはこの技術を「分散タイムスタンプサーバー」と呼び、その名のとおり「いつ、誰が何をしたかを、みんなで分担して記録していく仕組み」として提示しています。

ブロックチェーンが提示したのは「ネットワーク内で起きた出来事すべてを、改ざんできないように圧縮しながら、一方向的に事実として記録していくことで、平等かつ分散的

【ビットコインブロックチェーン概念図】

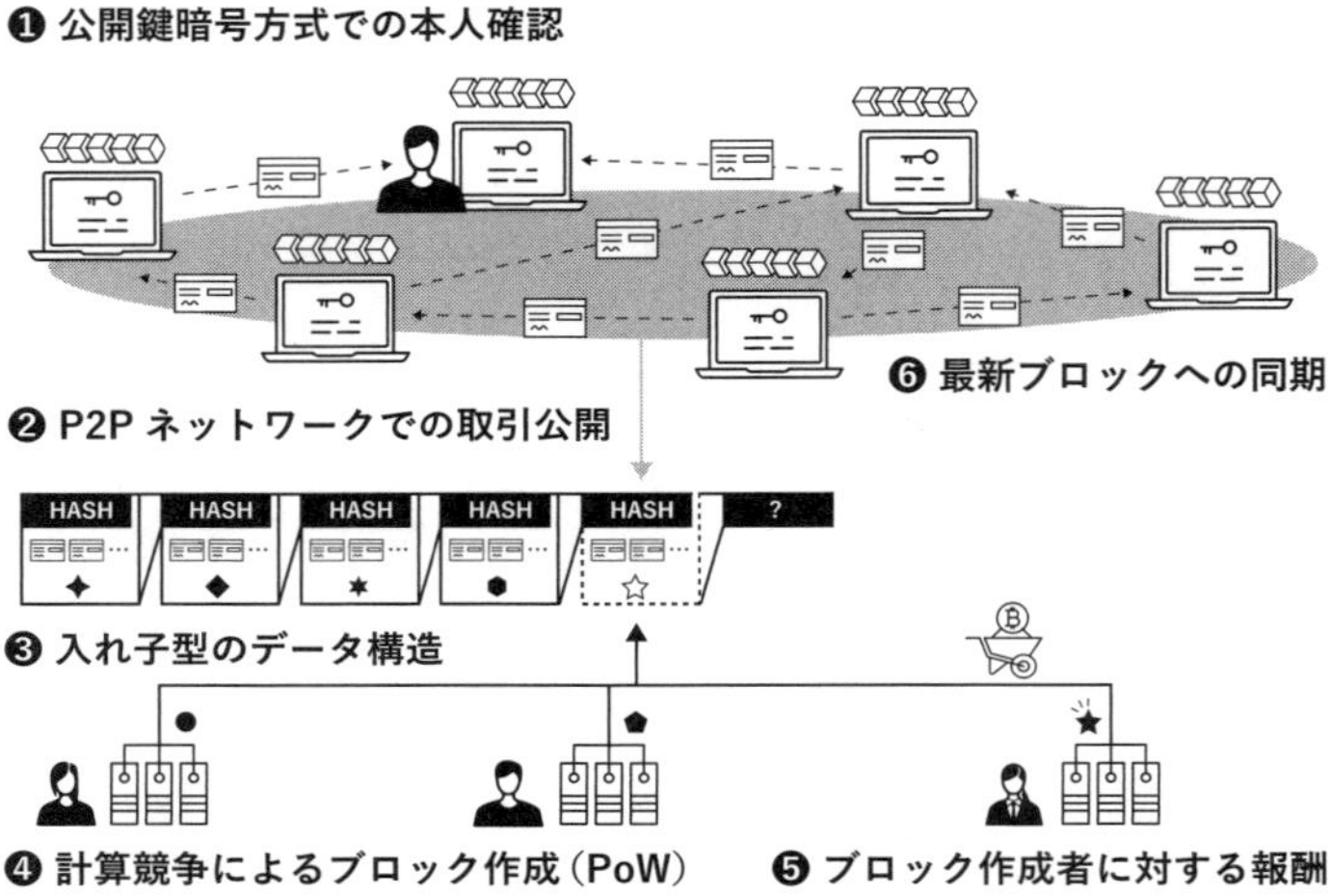

なネットワーク内の相互コミュニケーションを可能にする、極めてダウンしにくいシステム」の可能性です。

記録（データ）を用いたコミュニケーションは、その多くが物理的なコストやリスクに対処するために中央集権的なシステム上で運用されてきました。

活版印刷やインターネットが普及してからも、膨大な情報をどう流通させるのか、その情報をどこでどう管理するのか、という問題を解決しうるのは、中央集権的なハブやサーバーを用いたモデルでした。

ところが、この方法では中央と末端に権力と利益配分の非対称性が生じるため、しばしば腐敗や不正の温床《おんしょう》となってきました。仮にそうした事態が発生しなくとも、中央集権的なシステムは構造を固定化するため、全体で新陳代謝が起きにくくなると同時に、中央で発生するコストが徐々に末端に押し付けられるようになっていきます。

ブロックチェーンは、こうした中央集権的な記録とコミュニケーションのシステムに対するアンチテーゼとして、以下の特徴を持ちます。

①障害やエラーに極めて強い分散システム

ブロックチェーンのデータベースはネットワークの参加者がいる限り、世界のどこかに必ず存在していますが、概念的にはどこにも存在していません。そのため、ダウンをさせることが現実的にほとんど不可能です。

②ネットワーク内の出来事に関する網羅的な記録

ブロックチェーン内の記録は、その根拠を過去の記録に求める仕組みになっています。ネットワーク内で生じる出来事は圧縮を繰り返しながら常に最新のブロックに反映されており、現在のブロックには、過去すべてのネットワーク内の事実がダイジェストされています。

③記録の一方向性と改ざん耐性

ブロックチェーンでは、ブロックの追加が行われるたびに「過去に起きた出来事」がタイムスタンプによって確定していきます。そのため、ブロックチェーン上では、原則、過去から未来へと時間が一方向に流れ不可逆です。

また、ブロックに取り込まれた出来事は、ブロックチェーンのネットワーク内の事実として扱われ、それ以降の改ざんを受け付けません。近代物理学において「時間とはその測定によって定義される」という考え方がありますが、ブロックチェーンのネットワークにおいてはまさに、時系列のスクロールがブロック追加によって行われて、巻き戻りません。

④管理者不在の公開データベース

ブロックチェーン上に記録された情報は、そのネットワーク内で実際に起きた出来事、事実とみなされますが、それは特定の存在が管理したり、承認したりしている訳ではありません。ブロックチェーンを参加者の誰かが恣意的に支配することはできず、定められた法則どおりに淡々と出来事を記録していきます。誰かが管理している訳ではありませんから、利用者誰もが自由に閲覧し、そこに書き記されたことをもとに何をしても構いません。

データベース自体がダウンすることがなく、ネットワーク内の出来事がすべて網羅され、その出来事が簡単に書き換えたり巻き戻したりすることができず、しかもそれを管理する存在がいないブロックチェーンは、そのネットワーク内で起きたことすべてを間違いなく記録していきます。

これは現実の世界の基本法則と非常によく似ています。この世界では、出来事が誰にも管理されず、突然終わることもなく、起きた事実は覆りません。このため、ブロックチェーンに記録されたデータは、従来の電子的な情報と違って、現実世界の物質のように振る舞います。

ブロックチェーン上で発行され、やり取りされるデータ（ビットコインの場合は通貨）は、ネットワーク内の法則にのみ従い、誰かの都合やエラーによって消えることもなければ、勝手にコピーしたりすることもできないからです。

ビットコインはしばしば「デジタルゴールド」と呼ばれますが、その理由は採掘が特徴的だからでも、その価値が投機的に高まっているからでもありません。取引があった事実を記録していく通貨として、かつてゴールドが果たしていた物質的な機能を、デジタルデータでありながら再現できたからです。

ブロックチェーン技術が、今これだけ多くの人の注目を集めているのは、私たちの世界において、デジタルデータがデジタルデータであるがゆえに存在している矛盾や問題を、ブロックチェーンを用いることで解決しうると期待されているからなのです。

POINT

管理者がおらず改ざんを受け付けないブロックチェーン上のデジタルデータは、そのネットワーク内に限って現実世界の物理現象のように振る舞うことができるため、様々なユースケースで期待されている。

ブロックチェーン技術の発展から見る活用範囲の変遷

ビットコインから始まるブロックチェーン技術は、たった10年の間に急激な成長を遂げました。

それは、多くの開発者・企業・政府などが、様々な試行錯誤や実証実験を繰り返して、ブロックチェーン技術を有効活用しようと知恵を絞ってきたからです。

「ブロックチェーンを活用してどんなことができるか?」

様々な人が手探りで「活用法」を考案してきた訳ですが、それらの取り組みは研究開発の経緯に沿って、5つの段階に分類することができます。

第1段階：お金をアップデートする試み

ブロックチェーン技術の最初の活用例はご存じのとおりビットコインです。そのため、初期のブロックチェーン技術は、お金に関連する領域をアップデートできるのではないか? という仮説のために利用されてきました。すなわち送金、決済などの金融領域など

【ブロックチェーン技術の変遷】

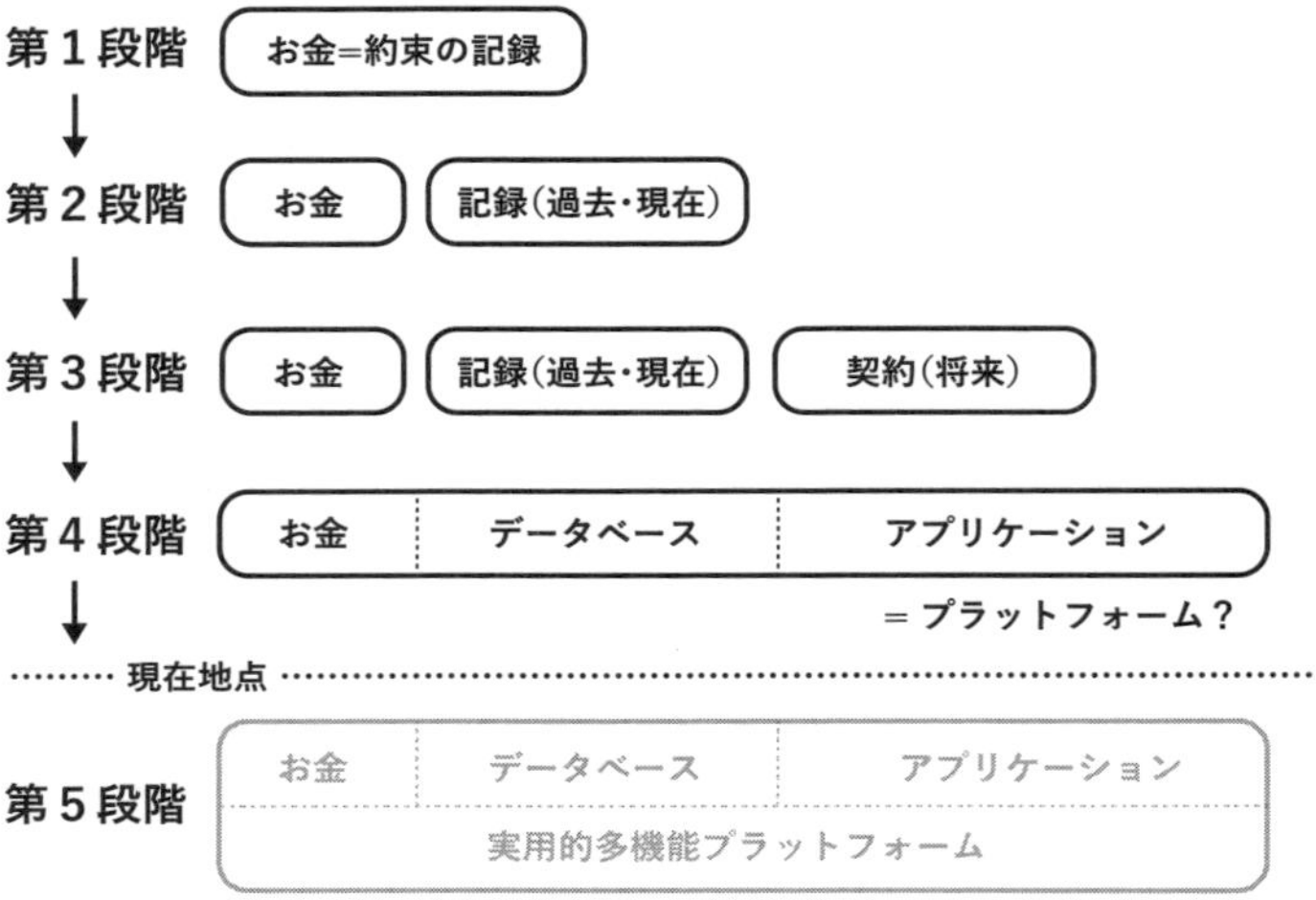

です。

　この試みは、２つの異なる勢力によって２系統に成長していくことになります。一方は、ビットコインの提示した既存の金融機関に対する挑戦、非中央集権の理想に共感した開発者たちの試み。もう一方は、ビットコインを脅威とみなした世界各地の金融機関たちの試みです。

　ビットコインの流れをくむブロックチェーン技術の開発は「ビットコインの通貨としての基本仕様をベースに、より便利で新しい通貨を生み出す」という方針のもと行われ、初期のアルトコイン(Alternative Coin)を生み出しました。

　一方、金融機関によるブロックチェー

ン技術の研究はこれと真逆のアプローチをとります。非中央集権性を部分的に無視し「既存のシステムのコスト削減やセキュリティ強化に用いて中央管理システムをアップデートする」という方針で研究開発が進められていきます。これが現在のRipple（リップル）や、Linux財団の開発するHyperLedger（ハイパー・レッジャー）といったプロジェクトです。

第2段階：記録技術をアップデートする試み

この章で解説したとおり、ブロックチェーンは合意形成の仕組みのもと、分散的に1つの記録を維持・運用するシステムです。

そこで、お金に関連する記録だけでなく、様々な出来事をブロックチェーン上に記録する試みが行われるようになります。

例えば「Colored Coin（カラードコイン）」というアイデアは、ビットコインのトランザクション上に存在する余白スペースに、追加の情報を書き込むことで、ビットコインの一部を別の通貨とみなす試みです。2017年に話題になった「Valu」のような個人証券化サービスはこれを利用したものです。

また、「Namecoin（ネームコイン）」は、ビットコインにドメインを記録するDNSという機能を付加したコインです。ネームコインを利用して発行した「.bit」を含むサイトURLは、インターネット上のポリシーなどの取り決めを行っている米国の非営利組織「ICANN」の管理下にはない、自由（かつ無秩序）なインターネット空間を生み出しています。

この他にも、現実世界の動産や不動産の所有権、文書のやり取りに関する情報などを記録する試みが行われました。

そういった実証実験を経て、実用性が確かめられていく中で、特定の記録対象について機能を最適化したブロックチェーンを開発していくプロジェクトが誕生していきます。文書保管のブロックチェーン「Factom」やブランド品の流通管理のブロックチェーン「VeChain」などがこれにあたります。

第3段階：契約技術をアップデートする試み

そこからさらに、2013年にイーサリアムの「スマートコントラクト」というアイデアが公表されたことで、ブロックチェーンの活用範囲が一気に広がります。

詳しくは次章で解説しますが、イーサリアムのスマートコントラクトが生まれるまで、ブロックチェーン上に記録できるのは「既に起こった出来事」のみでした。ところが、イーサリアムによって「当事者が合意する条件のもと、特定の処理を、将来において確実に実行すること」が可能になります。

これにより、より汎用的な処理がブロックチェーン上で行えるようになりました。ローンや保険といった広範な金融領域はもちろんのこと、相続や婚姻、選挙などの処理までもがブロックチェーン上で行えるようになったのです。

第4段階：プラットフォームとしてのブロックチェーン

スマートコントラクトを用いて様々な機能を持つアプリケーションが開発できることから、ブロックチェーンを新時代のプラットフォームとみなす動きが高まります。

イーサリアム上で様々なアプリケーションが実験的に開発されていく中で、イーサリアムのプラットフォームとしての利便性をより高めようとする動きが出てきます。

第5段階：プラットフォームをアップデートする試み

そこからさらに様々なアプリケーションが登場し、利用者が増えれば増えるほど、はっきりと見えてきた課題があります。

これらの課題を解決するためにイーサリアムも技術開発が進んでいきますが、「イーサリアムに代わる、より便利なプラットフォームを構築しよう」というポスト・イーサリアムの動きも出てきます。アメリカのＥＯＳや中国のＮＥＯ、韓国のＩＣＯＮなどを筆頭にブロックチェーンをベースとした多機能型プラットフォームの開発が盛んに繰り広げられている真っ最中といったところなのです。

以上のように、ブロックチェーン技術は、その研究が始まってから今に至るまでの間に、最低でも3回その活用範囲が捉え直されています。本書でこれまで説明してきた「お金の技術」「過去から現在に至る出来事を記録する技術」に加えて、次章で説明する「将来にわたっての出来事を確約する契約の技術」の３つがこれに該当します。

そこからさらに「プラットフォームの技術」としての活用可能性が期待されるようになったことで、改めて実用レベルの性能を実現すべく、様々な問題と改めて向き合う段階にあると言えるでしょう。

POINT

ブロックチェーンは誕生してから10年の間に、活用範囲と可能性が繰り返し見直されてきた。その発展の過程は現在のところ、「お金」「記録（データベース）」「契約（プログラム実行環境）」の大きく3つに区分できる。

契約とイーサリアム

第3章

私たちの暮らしの中の様々な契約

この章では、ブロックチェーンという記録技術の可能性に気づいた開発者たちが、これを用いてどういったことが可能になるかを検証し、見つけ出した「契約」技術のアップデートについて説明していきます。

契約は私たちの生活のありとあらゆるところに存在しています。

例えば、お金を支払って服やサービスを得ることは「売買契約」によって成立していますし、家賃を払って部屋を借りることは「賃貸借契約」によって成立しています。

企業に雇われて働き賃金をもらうことは「雇用契約」、誰かに仕事を依頼することは「業務委託契約」、誰か大切な人と結婚することは「婚姻契約」といった具合に、生活の様々なシーンの裏側に、契約が関係しています。

お金は、約束（債権）を誰に対しても使えるように一般化したものです。その反面、個別具体的に「誰が、誰に対して、いつまでに、何を、どのようにする権利と義務があるか」を厳密に指定することが苦手です。

一方の契約は、相手を明確に設定した上で、お互いがどのような権利と義務を持っているかを示し、その権利と義務が中長期に渡って踏み倒されないようにすることを重視した制度です。

私たちが契約を結ぶ際は、誰が、誰に対して、どういったルールに則り、どういった条件のもと、どういった権利と義務を持つかを決めることになります。将来のある時点においてどういったことが実現されているかについて合意を取ること、これが契約の基本的なコンセプトです。

不確実性に対して、その場ですぐに取引を確定させてしまうための制度がお金、お互いが確実に約束そのものを守るための手法が契約とも言えるでしょう。

このため、一方的にどちらかが何かを提供するような契約においては、その契約が果たされたことを表現するためのトリガーとしてお金の支払いが主役となる取引が行われますが、お互いが何かの責任を果たすような契約（秘密保持や業務提携）では、お金が登場しなくなっていきます。

POINT

約束の一形態がお金であり、より広範な約束を当事者同士が守り切ることを重視するのが契約と考えることができる。

第三者の仲裁による不確実性の排除

約束を結ぶとき、その当事者は「その約束は将来的に必ず果たされる」ということをお互い信じ合う訳ですが、将来のことは誰にも分かりません。どちらかが約束を果たすことができなくなってしまうこともありますし、自分から約束を踏み倒そうとすることもあるでしょう。

そこで必要となるのが「何をもって約束を果たしたとみなすか」を判断したり、「一方の都合で約束が果たされないときに、もう一方が被った不利益をどう補償するか」を決める際の基準やルールです。

また、これらのルールはあくまでも「そういうことになっている」という一般的な決め

【契約の基本形】

契約＝“法的拘束力を持つ約束”

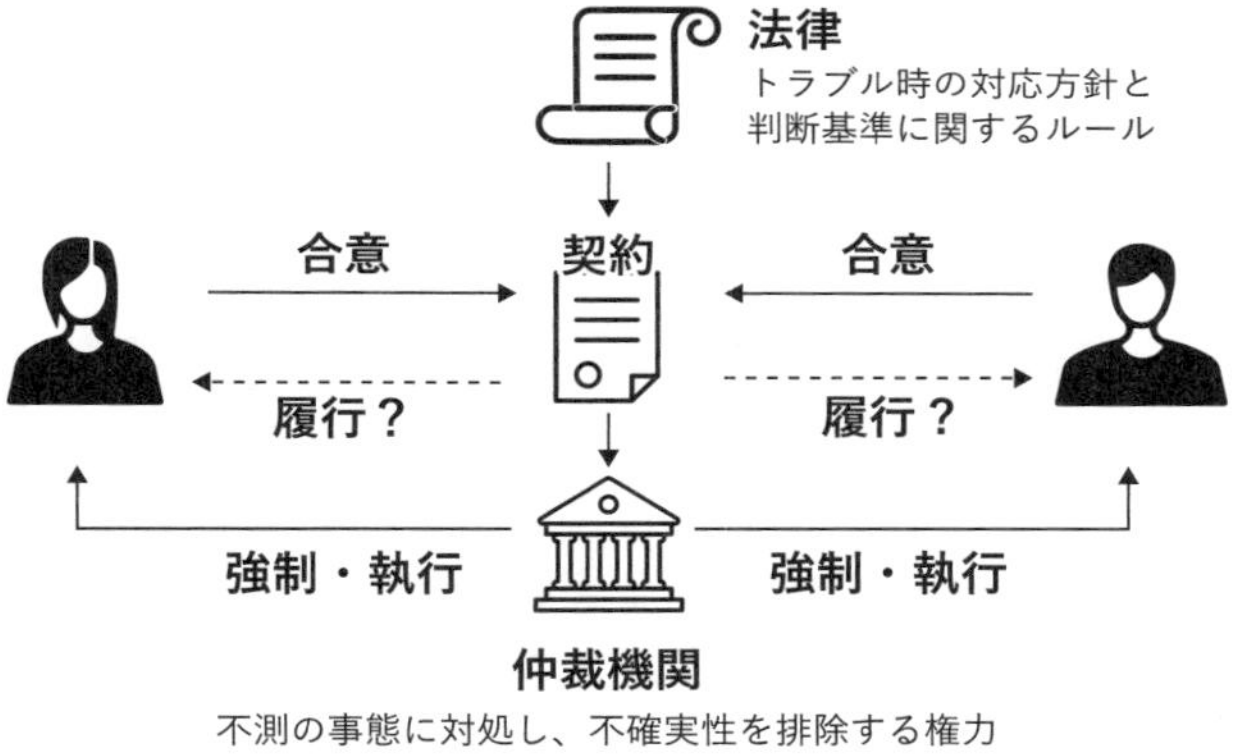

ごとにすぎず、当事者間で起きている事態そのものに介入することはできません。

そこで、当事者双方に約束を守らせる力を持った第三者の力を借りることになります。

約束の前提となる共通のルールや、それを仲裁する第三者は、お金の歴史と同様に古代文明のころから存在していました。

古代ローマの時代には、近代法の祖となる十二表法のもとで、民事訴訟、債務、家族、相続、財産、不動産、葬儀、結婚、不法行為、犯罪などに関する法や規則などが定められ、裁判所を頼って紛争を仲裁してもらうことが可能でした。

私たちも同様に、自分たちの暮らす国で定められた法律に則って契約を結びます。

また、実際に紛争が起きたときには、裁判所という仲裁を行う第三者機関を頼ることができます。

人類は何千年も前から「共通の一般的なルールと、現実的に解決できる執行力を持った第三者のもとで、個別に約束を結ぶ」という行為を行ってきました。「契約は法的拘束力を持つ約束である」という言葉はこれを現代風に表現したものです。

POINT

私たちは約束に拘束力を持たせるために共通のルールを用いることで、約束の不確実性を排除している。

商取引を活性化させた契約主義

古代から法律のもとで約束を結ぶ方法があったといえど、現在のように生活の至るところに契約が普及し始めたのはいつからでしょうか？

商取引の世界で契約が積極的に用いられるようになったのは、11世紀、レコンキスタと十字軍遠征によってキリスト教勢力がイスラム教文化を獲得し、封建領主制という閉じた社会がほころび始めた時代からです。

ちょうどこのころ、地中海には、西のマグリブ商人と東のジェノバ商人という2つの経済勢力がいました。

ユダヤ人を中心としたマグリブ商人は、縁故主義的な思想のもとで取引の相手方が身内かどうかを重視していました。そのため彼らは、閉ざされたネットワークを作り、各地の貿易ではエージェント（代理人）と取引を行います。

マグリブ商人は、自分たちが信用できる仲間だけをエージェントに選び、不誠実なエージェントについては仲間内で情報を共有して追放していきます。これはつまり「身分や生まれ、過去の振る舞いが信用に値するかどうか」ということを根拠に取引を行っていた、ということです。

一方のジェノバ商人たちは、個人主義的なキリスト教徒を中心に形成されており、取引の相手方に特別な条件を設けることなく、「その相手と商売をすることが利益になるかどうか」を判断します。

その際に発生する不確実性に対処するため、法律などのルールや裁判所などの第三者機関を自分たちで整備していきます。取引の相手方に要求するのは条件ではなく契約へのサイン、つまり「共通の第三者機関とルールを利用することへの合意」のみです。

このように信用や縁故に縛られず、自由に取引相手と約束を交わす仕組みを構築したことで、ジェノバ商人たちは市場を活性化することに成功して、競争に勝利していきます。

マグリブ商人が重視した信用のシステムは、閉じたネットワークしか作ることができず、多くの機会損失がありました。取引を行う際に法律を用いて不確実性を排除したジェノバ商人のほうが、より多くのビジネスチャンスを手にすることができたということです。

POINT

過去の信用に基づいた取引の実現には時間がかかるため、共通のルールに基づいて公平公正な裁定を下す第三者機関を利用した「契約」の考え方が広がっていった。

現代社会の基盤となった契約

個人同士が第三者機関の執行力のもとで約束を結ぶ、という「契約」の考え方は、結果的に中央集権化を加速させました。

というのも、「契約」のシステムの運用には「トラブルに対する一律の判断基準を作成すること」と「トラブルを解決するための処置を執行すること」が必要です。どれだけ便利な法律を作っても、それはただの判断基準にすぎませんから、現実世界においては役に立ちません。

契約を現実の世界で実現していくには、法律の効力を現実世界で執行する〝担当者〟が必要になります。こうした担当者になることができたのは、その時々の社会において権力を持つ存在でした。

例えば、古代エジプトに生まれた人同士の約束は、裁判官を務めるファラオの判決によって仲裁され、ユダヤの家に生まれた人同士の約束は、家長や律法家の述べる戒律にしたがって仲裁されています。現代の社会においては警察や検察、裁判所などがこの役割を担っています。

現在の私たちの社会秩序は、「社会契約説」という考え方のもと、国家権力という中央集権的なシステムによって保たれています。私たち一人ひとりは国家と契約を結び、憲法という基本原則に従って国家権力を中央集権的な機関に委託しており、そのおかげで様々な契約を安心して結んでいます。

つまるところ、私たちの暮らしを支える契約がきちんと機能しているのは、判断基準を作る国会・判断を下す裁判所・判断に沿って実行する行政機関（警察など）といった、第三者機関が存在しているからです。

行政や立法、司法といった国の役割については、どういった人が、どういった条件のもと、何を行うか、が憲法に明確に示され、その基準にそって私たちの社会における不確実性は排除されるようになっています。

ところが、ある法律がその法律のとおりに正しく運用されるかどうかは、結局のところ、現場の警察官や行政担当者を信用して任せざるをえません。その結果、買収や談合、贈賄などは今もなお残る深刻な社会課題です。

つまり「契約が、ただ契約のみの力によって実行されること」は未だ実現されておらず、現実的な運用には多かれ少なかれ、「中央集権的な機関に対する信用」が存在しているのです。

POINT

私たちが行う契約は、結局のところ「法律に従って誰かが解決をしてくれるはず」という信用に補強されているに過ぎない。

実生活における契約と信用

現実の取引においても、まだまだ信用を重視する商習慣は根強く残っています。例えば、銀行に行ってお金を借りたいと思ったとき、銀行は私たちの「与信」を審査します。不動産屋で部屋を借りたいと申請するときもまた、同様に与信審査が行われます。「クレジットカード」も、クレジットカード会社同士が相互に情報を共有し合うシステム上で、私たちの信用に関する情報を集め、その査定を基盤に成立しています。

現実の取引だけでなく、インターネット上による取引もまた、たくさんの信用によって補強されています。

例えば、私たちが日常的に利用する情報サイトやオンラインショップには、無数の「クチコミ」「レビュー」が掲載されています。これは、そのサービスやモノを利用した人同士がお互いに情報を共有しあって「より信用のおける相手が誰か」を教え合う仕組みです。

最近では、中国の決済アプリ「AliPay」の信用情報管理システム「芝麻信用」（セサミ・クレジット）に注目が集まっていますが、そこでは一人ひとりの購買履歴や保有している金融資産の価値、過去に使ったサービス上での評価などがすべて信用スコアとして記録されています。

契約という概念が当たり前になった今でも、こうして日常的に信用が問われるのはなぜでしょうか？

それは、トラブルに対する仲裁自体が、大きなコストとなっているからです。契約上のトラブルに対する仲裁（裁判など）には時間・お金・心理的負担といった多大な犠牲がつきまといます。さらに、国をまたいだトラブルであれば、なおさら大きな負担が生じます。

こうした理由で、私たちは「なるべく問題が起きないように、信用できそうな相手と取引を行う」という商習慣の中にいるのです。

POINT

第三者機関による仲裁は、結果的に大きなコストを伴うため、私たちは、信用によって相手を見定め不確実な取引を避けるようになっている。

"Code is Law"

ブロックチェーン技術には、こうした「取引にまつわる不確実性」を取り払うポテンシャルがあります。

例えば、ビットコインのシステムは、特定のデータをやり取りする上で、1章で説明したような共通のルールを定めており、ネットワークの参加者であるノードは、それらのルールに従って振る舞います。

一般的に、コンピュータ同士が通信を行ってプログラムを実行する際には、プログラムがお互いの端末で正しく動作するように、手順や規約などの約束事があらかじめ決められています。この約束事がコンピュータサイエンスの世界では「プロトコル」と呼ばれており、ブロックチェーンシステムはそれぞれが一種のプロトコルとして扱われています。

また、そのプロトコルの中身であるソースコードは全世界に公開されており、改善や修正を提案することも自由ですし、そこから自分だけのブロックチェーンを立ち上げてもかまいません。

改善や修正を提案する場合は、ブロックチェーンを成立させるために稼働しているマイナーの一定数がそれに合意するかたちで、ブロックチェーンのシステムが更新されます。新しく追加されたコードは、ブロックチェーン上の新しいルールとなり、ネットワークの参加者は、新しいルールに従って行動し始めます。

このように、ブロックチェーンのプロトコルには「あらかじめ共通のルールを示す」「そのルールに則って様々な処理が実行される」「民主的に決定される」という法律によく似た特徴があり、これを指す表現として「Code is Law」という言葉がよく使われています。

この言葉は、ブロックチェーンの世界においては、ソースコードが法律のように振る舞う、ということを表しており、第三者機関による仲裁が存在しなくとも、執行力をともなう取引が可能になることを含意《がんい》しています。

POINT

ブロックチェーンにおいては、仲裁を行う第三者機関は存在しないため、ソースコードだけが参加者たちが従う共通のルールとなり、そのネットワーク内において法律のように振る舞う。

ブロックチェーンが将来の約束を確定させる

「ブロックチェーンのプロトコルという〝法律〟によって、様々な約束に拘束力を持たせることができるのではないか?」という発想から生まれたのが「スマートコントラクト」という新しい契約の手法です。

スマートコントラクトというコンセプト自体は、ビットコインの誕生以前からありました。スマートコントラクトの例としてよく用いられるのは自動販売機です。

自動販売機を利用してジュースを買う際、①お金を入れる、②ジュースを選びボタンを

【Code is Law】

ブロックチェーンプロトコル

改ざんされることなく、自律的に執行され続けるルール

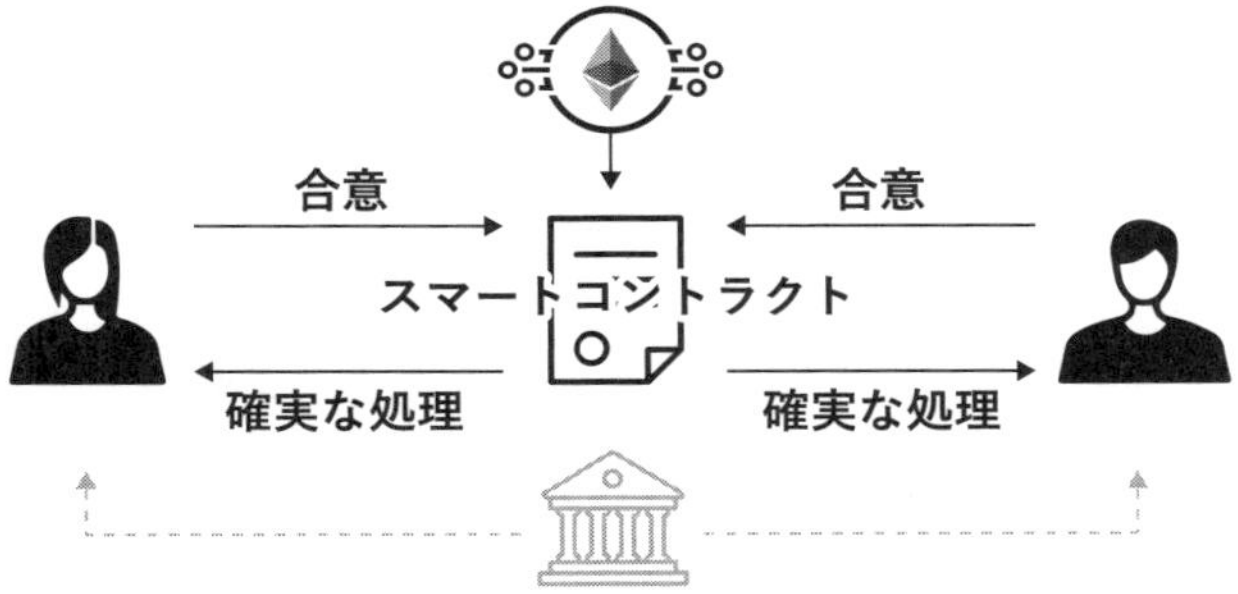

仲裁機関なしに、プロトコルが将来の不確実性を排除する

“Code is Law”

押す、という条件を満たすことで、ジュースを手に入れることができます。

この取引には人の手が介在しておらず、「契約や合意の内容が取引中に変更されない」「所定のやり取りが正しく実行される」という特徴を持っています。

ビットコインの場合、ブロックチェーンに記録されるトランザクションには「2018年1月1日にアリスからボブに1BTCが送金された」というように、確定させたい結果だけが書かれていました。

一方、スマートコントラクトでは「2018年1月1日時点に、アリスの残高が1000円未満の場合は、アリス

からボブへ1000を送金し、アリスの残高が10ETH以上であれば、アリスからボブへ2000円を送金する」や「2019年1月1日までの間に、アリスの残高に1万円を送った人すべてに対して、2019年3月3日に2万円を送り返す」といった具合に、様々な条件と、その結果を記録することができます。

このスマートコントラクトはブロックチェーン上に公開され、ブロックに取り込まれた時点で変更を加えることができなくなります。

また、スマートコントラクトに記述された一連の契約内容は、その条件が満たされた時点で当事者の手を離れ、自動販売機と同様に自動的に執行され、その結果もまたブロックチェーン上で確定します。

つまり、ブロックチェーン上に公開されたスマートコントラクトに当事者が合意を示すデジタル署名を行った時点で、契約が執行されるまでの一連の手続きが確定することになります。

条件が満たされれば執行し、満たされていなければ執行しない、0か1かの実行処理と実行結果が誰の手も借りることなく淡々とブロックチェーンに記録される、これがスマートコントラクトの最も基本的なアイデアです。

POINT

ブロックチェーンの持つ記録の一方向性と改ざん耐性を用いて、不確実性を取り除き第三者機関を必要とせず契約に拘束力を持たせることができる。

プログラムを書き込めるブロックチェーンの誕生

こうしたスマートコントラクトに高い汎用性を持たせて、プログラムを実装できるブロックチェーンを実現したのが「Ethereum（イーサリアム、エセリウム）」でした。

ロシア系カナダ人のヴィタリク・ブテリンが発明したイーサリアムは、現在ビットコインに次ぐ時価総額となっており、２０１８年6月時点で約5兆円にものぼります。前述のとおりスマートコントラクトを扱えるようにした初めてのブロックチェーンです。

イーサリアムが画期的だったのは、「Solidity（ソリディティ）」という独自のプログラミング言語と、その実行システム「EVM（Ethereum Virtual Machine）」を開発し、ブロックチェーン上にプログラムを実装できるようにしたことです。

プログラムとは、一般的に「条件Xが満たされたとき、処理Aを行う」という条件式（コード）を書いたもので、契約書と同様に「実行条件」と「実行内容」をまとめ、それを約束するものです。

イーサリアム上には2種類のアカウント、つまり存在がいます。1つは「人」にあたるEOA（Externally Owned Account）、もう1つは「自律機械」にあたるコントラクトアカウント（Contract account）です。

イーサリアムのブロックチェーン上で秘密鍵を使って署名を行い、トランザクションを作成できるのは人、つまりEOAだけです。トランザクションを直接誰か別の人に送る場合は、ビットコインのときと同様に他のEOAへの送金指示を作成します。一方で、EOA同士の取引に何かのプログラムを挟んだり、特定のプログラムだけを動かしたいときには、自律機械に中間処理を依頼することになります。

このように、スマートコントラクトによる取引とは、事前にプログラムされたとおりに動く自律機械を利用した取引のことです。この自律機械を作成したり、自律機械に対して指示を出すために必要になるのが「Solidity」という訳です。

また、プログラムを実際に実行するには、最終的には機械語と呼ばれる0と1だけの文字列に落とし込む必要があります。Solidityで書かれたプログラムは、EVMが処理できる文字列に変換されて命令が実行されます。また、このためにEVMは永久的にデータを保存できるストレージや一時的なデータを保存するメモリを持っており、コントラクトコードをそれぞれ分別して保存しています。

イーサリアムのSolidityとEVMを用いることで、前節で例示したような条件式以外にも、ある程度複雑なプログラムをブロックチェーン上で実行することができます。この際、イーサリアムのブロックチェーンでは、スマートコントラクトが無際限に実行され続けるのを防ぐために、Gasと呼ばれる一種の手数料を必要とします。

また、法律に従って個人間で自由に結ばれる契約と同様に、イーサリアム上には個人間で自由にプログラムを実装していくことができるようになっています。

スマートコントラクトのいくつかの条件を変数として設定しておくことで、「誰でも自由に使える契約書のテンプレート」のようなかたちでプログラムを公開することを可能にしました。

これにより、開発者でなくとも、すでに公開されているスマートコントラクトを用いて、デジタル署名を行うだけで、約束された実行処理を得ることができます。ネット上に公開されている契約書の雛形を利用して、それにサインするのと同様に、イーサリアム上のコントラクトを利用することができるという訳です。

もちろん、法律に反した契約が無効になるように、プロトコルにそぐわないプログラムは正しく動作することができません。

これによって、ブロックチェーンが単なる記録技術の枠組みを超え、ありとあらゆるプログラムやアプリケーションの基盤として利用できる未来が示唆されました。

これはつまり、インターネット上のプログラムやアプリケーションすべてを、非中央集権化することができるということです。

イーサリアムを始めとする第2世代のブロックチェーンが、お金や記録のシステムという枠組みを越えて、ウェブやアプリケーションの世界にどのような影響を与えていくのかについては次章で見ていきたいと思います。

POINT

イーサリアムは、Solidityという言語とEVMという実行システムを用いてスマートコントラクトの汎用性を高めた。

第4章

ウェブと非中央集権化

インターネットを寡占するプラットフォームたち

インターネットの黎明期、World Wide Webが生まれた当初、アクセスできるのはインタラクティブな機能を持たない静的なテキストサイトばかりでした。接続には通信モデムを介して電話回線を用いるため、その間は電話をすることもできません。ストリーミングビデオや音楽など夢のまた夢で2MBの画像をダウンロードするのに、1日かかっていた時代があります。これがWeb1.0です。

そこから、通信速度が改善しインタラクティブなコンテンツがネット上にあふれるようになります。またモバイルデバイスの普及が私たちの生活をオンライン上の情報と一体化させ、情報がグローバルに共有される時代がやってきました。これが私たちの現在利用しているWeb2.0です。

こうして、私たちの生活には様々なオンラインアプリケーションがあふれるようになりましたが、それらを実際に利用するには、今やインフラと化した巨大なプラットフォーム企業の干渉を受けることになります。

例えば、スマートフォンのアプリを利用したければ、Google の Play Store や Apple の App Store からアプリをダウンロードしなければいけません。ダウンロードが終わったら、Google アカウントや Facebook アカウントなどを利用してアプリにログインするでしょう。また、Web サービスとして利用できるアプリケーションに対しては、Google Chrome や Safari などのブラウザからアクセスすることになります。何かを買おうとブラウザから検索を行うと、Amazon の広告が表れ、過去の購買履歴からおすすめの商品がレコメンドされます。

国連が推定するインターネットのユーザー数は2000年から2015年にかけて、738万人から32億人に増加しました。かつて東京都民の数にも及ばなかったネット人口は、たった15年で人類の半数近くにまで広がったことになります。

そうした膨大な人間のオンライン上での行動情報は、一部のプラットフォーム企業に把握され、広告企業に売却されています。

Google や Facebook など、広告に支えられている無料のサービスにおいて、ユーザーは「入荷される商品」であり、真の顧客は広告主です。

このモデルはユーザー、プラットフォーマー、広告主の三方一両得として受け入れられ、

Web2.0を拡大する推進力となりましたが、その代償としてインターネットの世界には極端な寡占状態が作られました。

また、GoogleやAppleが提供するストアサイトを利用する際には、各アプリへの課金収益の約30%が徴収されています。これもまた、寡占されるネットワークの胴元が開発者を苦しめる一例です。

この本で繰り返し述べているとおり、中央集権的なシステムが時とともにコストや摩擦を生むのは、歴史の必然です。最近では、Facebookが特定の属性のユーザーに、特定の広告や投稿を表示し続けて、選挙での選考をコントロールしようとしたことも問題になりました。

ブロックチェーンは、こうした状況を一変させ、新しいインターネット「Web3.0」を実現すると言われています。

POINT

自由な通信網として生まれたインターネットでも、巨大なインターネット事業者の支配的な構造になってきている。ブロックチェーンはその構造を変化させる可能性がある。

Web3.0の未来

Web1.0の世界は、点と点の送受信、1次元のやり取りが中心でした。そこからWeb2.0の世界で、インターネットは広大な面として考えられ、中央集権的なプラットフォーマーたちがしのぎをけずり小さなプレイヤーが苦しむ世界となりました。

Web3.0の世界は、独占的な中央管理者同士が地図の上で領土を奪い合うのではなく、インターネットという広大な空間を活かして、様々なプラットフォームが多層的に重なります。そして、それぞれのプラットフォーム上でより良いアプリケーションを提案しつつ、全体をアップグレードしていく3次元的な世界です。

さらにWeb3.0の大きなテーマは、「非中央集権化」です。その概要は以下の6つの特徴から理解することができるでしょう。

①一元的な管理者が存在しない

利用者はそれぞれが自分しか知りえない秘密の情報を使って、非中央集権的なプラットフォーム

フォームにアクセスします。プラットフォーマーに、自分のアクセス権が侵害されることはありません。

②マシンもプログラムもダウンすることがない

システム全体を支えるインフラが分散しているため、それらすべてをオフにしない限り、マシンもプログラムもダウンすることがありません。プラットフォーム自体はインターネット上に仮想的に維持されるもので、どこにでもあると同時に、どこにも存在していません。

③データの所有権をユーザー本人が持つ

すべての利用者はプラットフォーム上の自分のユーザーディレクトリに対する完全な所有権を持っており、データと情報を自分の意思によってのみコントロールすることができます。

④すべてのデータは固有の情報として資産的価値を持つ

プラットフォーム上のデータはユーザーのデジタル署名によって、開示されたり、共有されたり、移転されていきますが、コピーによって増殖することはできません。また、ユーザーが所有権を持つデータは改ざんされることもないため、データ自体が現実世界の資産同様の価値を有します。

⑤誰でも誰とでも自由なやり取りができる

プラットフォームを利用するために必要なのは、自分が自分であることを証明するための情報と、それを全世界に公開するための独自アドレスだけです。ユーザー同士は同じプラットフォームにアクセスしているのですから、誰に断ることもなく自由にデータのやり取りを行うことができます。

⑥同じプラットフォームに利用しているために相互運用性が高い

プラットフォームは利用者全員で利用するシステムのため、ＯＳの違いなどは存在しません。このプラットフォーム上で構築したプログラムは、どのユーザーがどんなデバイスを用いていても、ブロックチェーンにアクセスできる限り同じ様に利用することが可能です。

公開されるスマートコントラクトも、ブロックチェーン上に記録されたものなので、最初の開発者がいなくなったとしても、それを引き継ぐ人がいれば新たなサービスとして生まれ変わることができます。また、サービスの基本設計やベースとなるスマートコントラクトを利用して、拡張サービスを提案することも自由です。

こうしたWeb3.0の説明は中央集権的なインターネットに慣れ親しんだ私たちからすると、非常に突拍子のない構想に思えるものです。なぜなら、これまで私たちは、情報の世界と現実の世界を完全に別物として考えてきたからです。

例えば、現金はすぐ手渡しできるのに、インターネットバンクなどでの送金はどうしてこんなに時間がかかるのか（メールは数秒で送れるのに！）。紙の本は友達に貸せるのに、どうして電子書籍は貸せないのか。こういった疑問が、Web3.0の世界では解決されます。

これはWeb3.0が、インターネット上に存在する情報の世界に、現実世界と同様の基本法則を持ち込むことを可能にするアイデアだからです。

すなわち、

①世界を管理する存在はいない
②誰かがいなくなっても世界は突然終わらない
③自分の知っていることは、自分にしか知りえない
④自分の持っているものは、簡単に消えたり、なくなったりしない
⑤希望する相手と自由にコミュニケーションして、取引ができる
⑥みんなが1つの世界の基本的な物理法則を共有し、平等に利用できる

非中央集権のブロックチェーンプロトコルを用いることで、私たちが当然のように享受している現実世界の前提条件を、インターネットの世界に組み込むことができる。これがWeb3.0の構想です。

POINT

ブロックチェーン技術を用いて、現実世界の前提条件をインターネットの世界に組み込み、個人中心の非中央集権的なプラットフォームを構築していくのがWeb3.0のアイデアである。

DAppsの可能性

利用者の目的に応じて特定の機能を提供するプログラムを「アプリケーション」と言います。日常的に口にする「アプリ」「Apps」といった言葉はこのアプリケーションの略称です。

ＰＣやスマホの普及に伴って私たちの生活の中で、ＳＮＳやブラウザ、文書作成ソフトや表計算ソフト、ゲームなど様々なアプリケーションが、当たり前に用いられるようになっています。

最初期のアプリケーションは、個人用のコンピュータ上で、利用者に必要な機能を提供するために、ローカルで実行されるものがほとんどでした。

例えば、文書作成はMicrosoft Wordや一太郎のような買い切り・ローカル型のソフトウェアが主流でしたし、ゲームなどもディスクを読み込んで実行する一人用のものしかありませんでした。

その後、インターネットの普及や通信容量の拡大にともなって、オンライン接続を前提としたクラウド型のアプリケーションが一般的になります。文書作成ソフトとしてはGoogle Docs や Dropbox paper などが普及し、ゲームも今や通信接続を用いてリアルタイムに提供されるものが中心です。

そして今後、オンラインアプリケーションの次に来ると言われているのが、ブロックチェーンによる分散型アプリケーション、「DApps（自律分散型アプリケーション）」です。DApps の革新性を理解するには、既存のオンラインアプリケーションが抱えた構造的な問題を理解する必要があります。

まず、既存のオンラインアプリケーションは、プログラムだけでなく、インフラや基本システムを事業者が自前で揃え、維持することで提供されています。

私たちはアプリケーションをダウンロードして利用していますが、そうしたアプリケーションのほとんどはサービス提供者が構築したシステムへアクセスするためのもので、システム自体はサービス提供者が構築したものです。

サービスを支えるシステムやインフラが提供者の所有物である以上、そこで発生する情報も提供者のものとなってしまいます。このため、情報や権利の非対称性が生じ、データの書き換えや不正利用のリスクが常に存在します。

【アプリケーションの移り変わり】

Ver.	1.0：ソフト	2.0：アプリ	3.0：DApps
時代	1980-1999	2000-2019	2020-
モデル	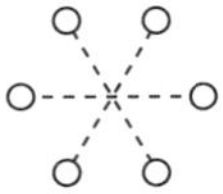	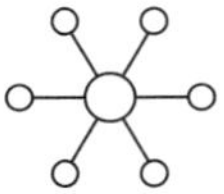	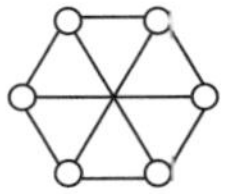
環境	ローカル	オンライン	オンライン＆ オンチェーン
データ	クライアント	サーバー	クライアント＆ ネットワーク
構造	事業者から単方向	事業者との双方向	ユーザー間の 双方向

また、管理者はシステム構築と維持にかかるコストをペイするために、サービス内に広告を表示したり、胴元として利用料を徴収したりします。ユーザーの求めていない要素が様々な形でアプリケーションに組み込まれてしまうのは、こうした事情があってのことです。

つまり、既存のオンラインサービスは、ほとんどすべてが運営主体の介在する中央集権的なシステムだということです。

一方、DAppsは公共のブロックチェーン上で構築され、実行されるアプリケーションです。

もちろんサービスとして使いやすくするためのインターフェイスは提供者が準

備することになりますが、根本的なシステム基盤はブロックチェーン上にあります。

そのため、開発者がブロックチェーン上の出来事に介入したり、改ざんを行ったりすることはできません。

また、ブロックチェーンが稼働している限りDAppsも稼働し続けるため、外部からの攻撃によってサービスに障害をきたすリスクも抑制することができます。したがって低コストで分散型のシステムを設計できるということです。

ユーザーがDAppsを利用する際に生まれる情報は、「ユーザーだけしか知りえない情報」か「ブロックチェーン上で誰でも確認できる情報」の2つしかなく、サービス提供者だけが一方的に利用できる情報はありません。

また、アプリケーションの提供に必要となる初期コストは大幅に圧縮され、さまざまな開発者が次々と新しいアプリケーションを公開していくことができます。誰かが公開したコントラクトを別のインターフェイスに繋ぎ込んで、別のサービスを提供することさえ可能です。

POINT

既存のアプリケーションは中央集権的なサービス事業者によって提供されている。公共のブロックチェーンを利用して提供されるDAppsは、中央集権的なシステムを必要とせずに、堅牢で中間コストのかからないアプリケーションを実現する。

トークン発行の仕組みとICOのメリット

ブロックチェーンを基盤に開発されるDAppsは、中央管理者を持たないため、過去のアプリケーションで当たり前のように存在した運営者利益が生まれにくい傾向にあります。開発者がサービスを成長させていくことで得られる利益が薄いと、良いサービスが生まれず、人が集まらないので、さらにサービス開発の旨味がなくなっていく、といった悪循環を有む原因にもなります。Wikipediaに寄付をしたことのある人が極めて少ないように、分散型・共用型のサービスでは常にフリーライドが問題になるからです。

そこで、ビットコインと同様の報酬設計の仕組みを各アプリケーションに設け、開発者やユーザーがエコシステムに参加する動機づけが必要となります。

エコシステムを健全に機能させるためのギミックとして、イーサリアムなどのプラットフォーム型ブロックチェーンでは、ユーザーが代替通貨（トークン）を発行できるようになっています。

代替通貨とは、何らかの通貨システムの中で、用途や目的に合わせて通貨の役割を果たすもののことで、日本円の中でのSuicaなどの電子マネーやTポイントなどの電子ポイントは日本円の代替通貨です。

こうした、トークン発行の仕組みを用いて、プロジェクトの開発資金を集める、ブロックチェーンならではの資金調達が「Initial Coin Offering（イニシャル・コイン・オファリング、ICO)」と呼ばれているものです。

ICOでは、スマートコントラクトを用いて、いわばトークンの自動販売機をブロックチェーン上に作り出し、送金された額に相当するトークンをICO参加者に発行します。

一般的なICOでは、調達目標額と、トークン価格、トークン発行量を設定し、トー

【ICOの仕組み】

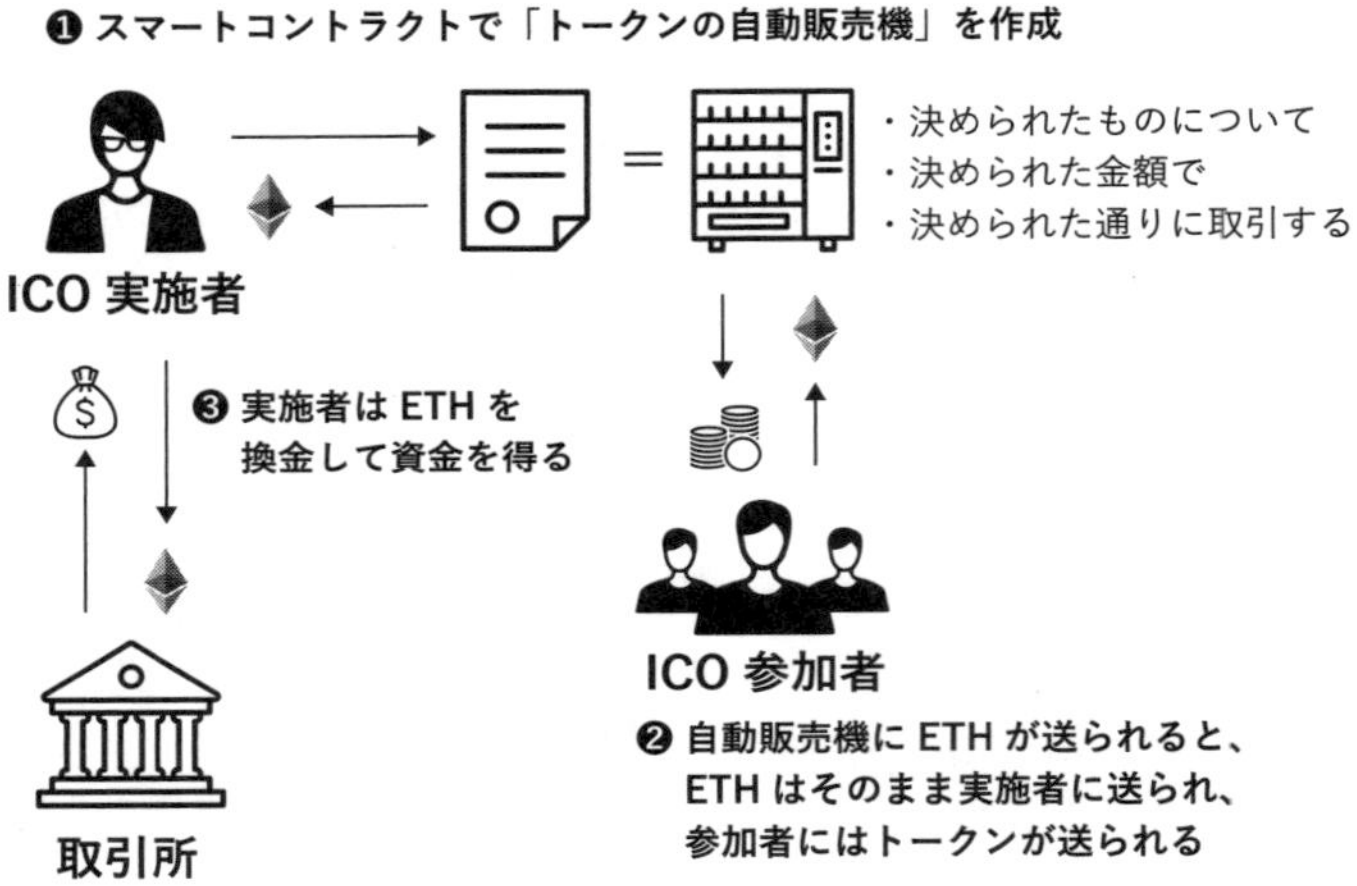

クンを発行するスマートコントラクトを全世界に向けて公開します。これにより、国境にとらわれず、世界中の投資家から仮想通貨によって資金を集めることが可能となりました。

ICOのメリットは資金調達だけではありません。というのも、トークンは各プロジェクト内で流通する利用券のようなものや、各プロジェクトの今後についての議決権を有する証券に近い性質を持ちます。したがってサービスを開始する以前から多くのユーザーを巻き込んでコミュニティを活性化させる、マーケティング施策として利用することが可能です。

こうした、トークン購入者たちはサービ

スの成長によってトークンの価値が上昇することで投資利益を得ることができますから、サービスの成長に協力を惜しまない力強いサポーターになります。

POINT

非中央集権的に運営されるアプリケーションに人々を巻き込むため、プラットフォーム型のブロックチェーン上では、様々な代替通貨（トークン）が発行されている。

仮想通貨やトークンの分類

一概に「仮想通貨」という言葉が広まってしまったために、性質や機能の異なるものが混同されがちですが、ブロックチェーン上で流通する資産（クリプトアセット）は2つの種類があります。

1つがFungible Token（ファンジブルトークン）と呼ばれるもので、これは円やドルなどのお金と同様に、共通の単位によって資産価値を自由に分割・代替することができる

【ブロックチェーン上の資産分類】

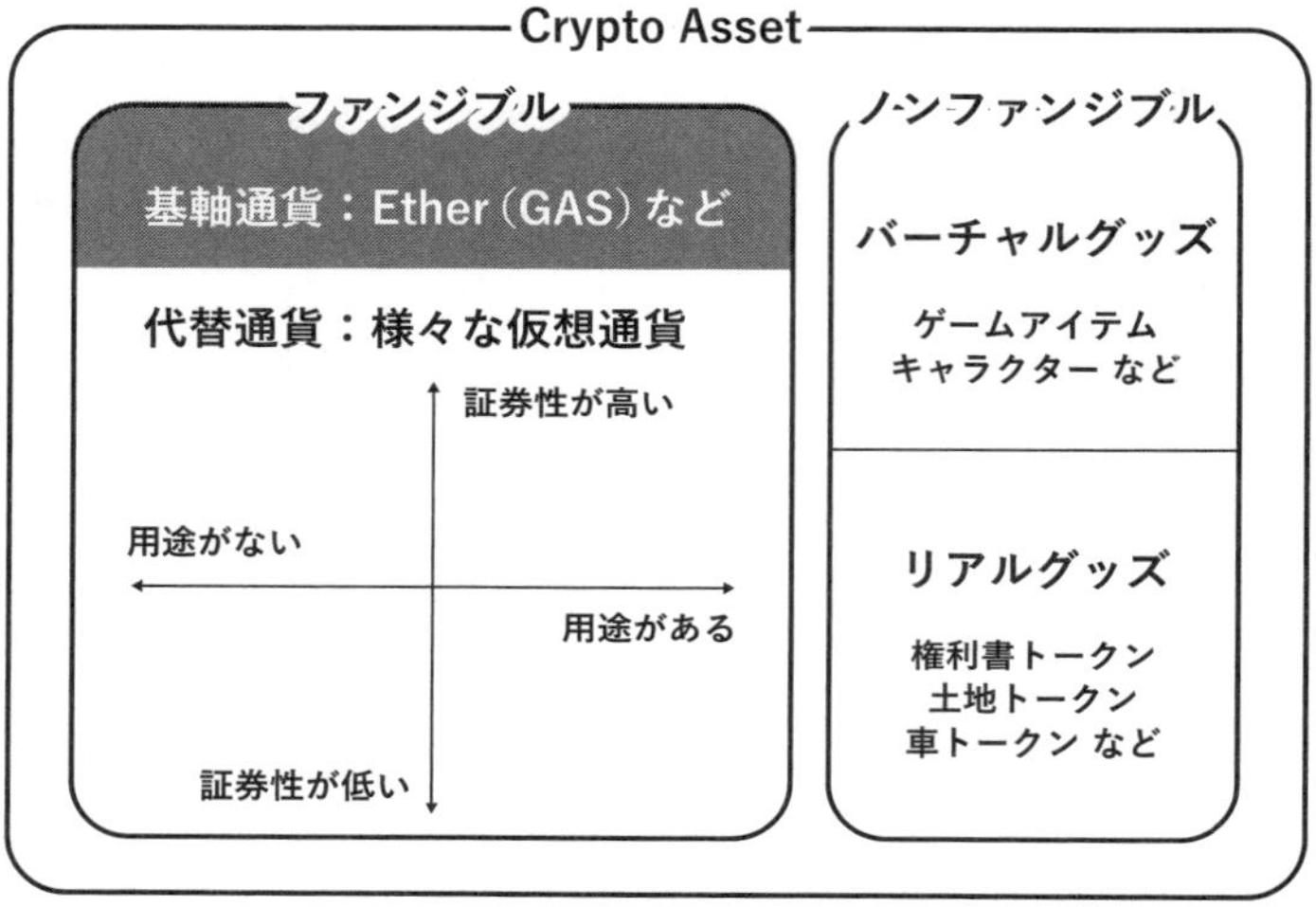

ものを指します。

例えば「1万円を持っている」と言ったときに、その一万円札の発行番号までを厳密に言及することはありませんし、千円札を10枚持っていてもこの発言が成立します。このように通貨の単位名で表現され、分割・交換がしやすい形態のトークンがファンジブルだということになります。

こちらのトークンは多くの方に馴染みのある「仮想通貨」として利用されており、主にブロックチェーンプラットフォーム本体で発行されている基軸通貨と、そこから副次的に発行されるものとに分類されます。

さらに、これらの副次通貨は「サービスに対応した用途の有無」「発行の経緯と付随する権利に伴う証券性」からマッピングすることができます

もう一方がNon-Fungible Token（ノンファンジブルトークン、ＮＦＴ）と呼ばれるもので、こちらは骨董品やアート作品のように唯一固有の存在として発行されるため、分割や部分譲渡ができません。

そのため、複数の人間が共同所有することも難しく、固有の存在そのものの受け渡しによって取引が行われます（共同所有を可能とするRe-Fungible Tokenというアイデアも登場してきてはいます）。

ＮＦＴは主に、情報の世界で発行されるデータに物質的な固有性・有限性を与えるためのバーチャルグッズ型と、現実の世界の権利やモノをブロックチェーンに紐付けて電子的にやり取りを行うためのリアルグッズ型に分類することができます。

POINT

仮想通貨やトークンと一括りにされる中にも、それぞれに用途があり、ファンジブルトークンとノンファンジブルトークンに大別される。

ブロックチェーンプラットフォームのレイヤー構造

イーサリアムの登場によって、プラットフォーム型のブロックチェーンの可能性が提案されブロックチェーン技術の応用範囲が一気に拡大します。これにより現在のブロックチェーンプラットフォームは、以下のような階層構造を持っています。

多層化したブロックチェーン環境を、ネットワーク・通信プロトコルの世界における「ＯＳＩ参照モデル」のように、レイヤーごとに整理していきましょう。

◆Layer0：P2P Protocol

この階層では、Ｐ２Ｐネットワーク内におけるノード間の基本的な通信、トランザクション、ブロックの伝播に関する基本的な仕様がプロトコルとして規定されています。

Ｐ２Ｐネットワークという技術自体は、インターネットの原点とも言われるARPANETのころから使われている最も基本的な通信形態です。

１９９０年代前半、World Wide Webが普及し始めてから主要なサービスで利用され

【ブロックチェーンプラットフォームの階層構造】

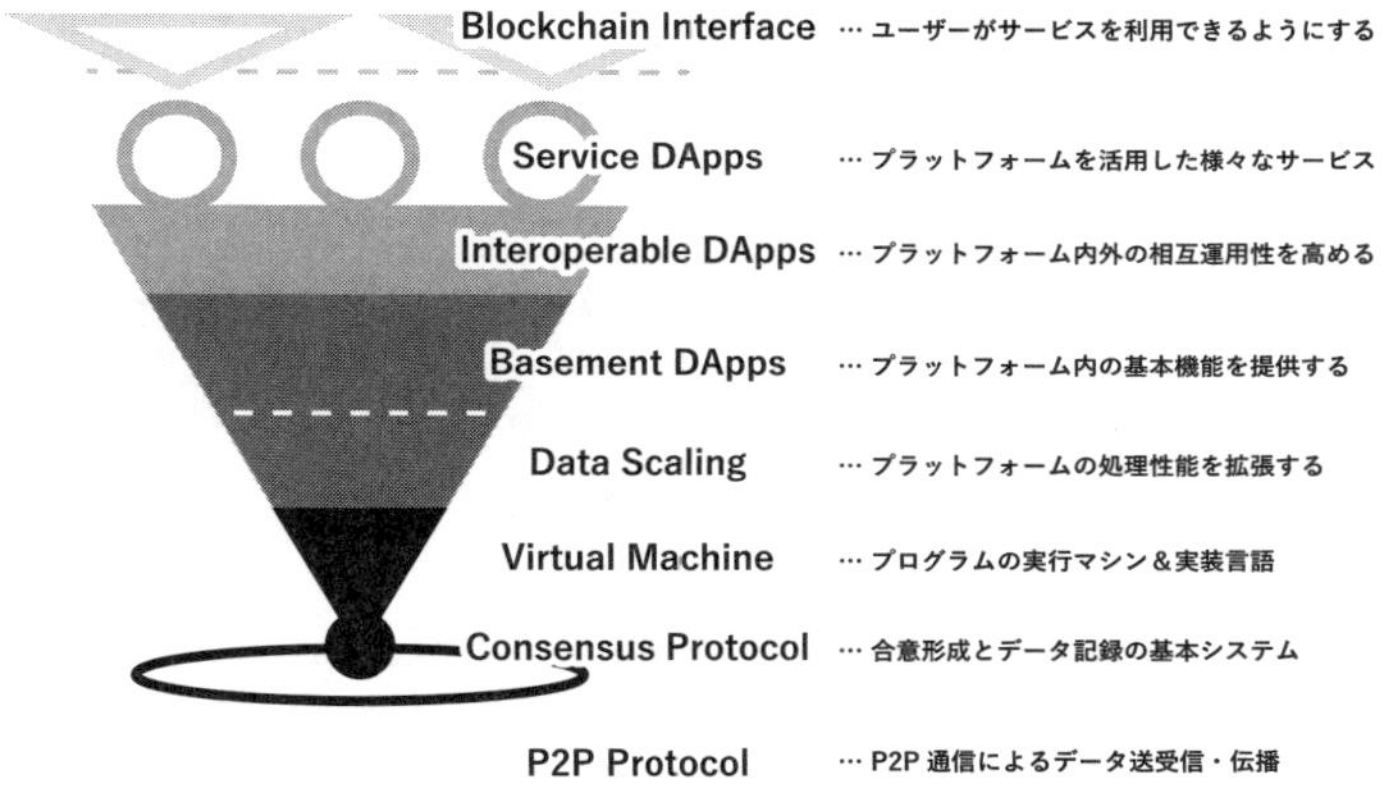
Blockchain Interface … ユーザーがサービスを利用できるようにする
Service DApps … プラットフォームを活用した様々なサービス
Interoperable DApps … プラットフォーム内外の相互運用性を高める
Basement DApps … プラットフォーム内の基本機能を提供する
Data Scaling … プラットフォームの処理性能を拡張する
Virtual Machine … プログラムの実行マシン＆実装言語
Consensus Protocol … 合意形成とデータ記録の基本システム
P2P Protocol … P2P 通信によるデータ送受信・伝播

ることはなくなっていましたが、2000年代前半にWinnyというファイル共有ソフトが現れて再度注目を集めました。

　このようにP2Pネットワークの通信プロトコルは、そこまで特殊な技術領域ではありません。また、この階層から上に位置するブロックチェーンの技術は、基本的にOSI参照モデルにおけるアプリケーション層にあります。

◆Layer1：Consensus Protocol

　この階層では、ブロックチェーンの根幹を成す「合意形成の仕組み」、コンセンサスアルゴリズムが定義されます。

コンセンサスアルゴリズムには最も一般的な「ＰｏＷ（Proof of Work）」の他にも様々な方式があります。

詳しくは後述しますが、通貨をたくさん保有するマイナーが有利になる「ＰｏＳ（Proof of Stake）」や「ＰｏＩ（Proof of Importance）」「ＢＦＴ（Byzantine Fault Tolerance）」などの形式があり、どういった方法でネットワーク内の合意を形成するかを、この層で決定しています。

また、それらの詳細として「ブロックサイズ」「ブロック生成時間」「基軸通貨の総発行量」「マイナーの役割」などがこの領域のプロトコルで規定されています。

◆Layer1.5：Virtual Machine

Layer1までの技術はあくまでもブロックチェーンの基本形、「出来事を書き換えられないように記録していく台帳」を成立させるためのシステムです。これを一気にアップデートしたのがイーサリアムです。

イーサリアムがブロックチェーンの記録技術の上に、様々な処理を記述する処理を実行する処理マシン環境「EVM」と、プログラミング言語「Solidity」を開発しました。それにより、ブロックチェーンは、多機能プラットフォームとなることができたのです。

3章までで説明してきたのが、このLayer1.5までのブロックチェーン技術です。

◆Layer2.0：Data Scaling

データベースとプログラム領域を備えたことでプラットフォームとしてのブロックチェーンが生まれたのですが、そのマシンの処理能力はLayer1.0〜1.5までのプロトコルによって大きく制限されてしまいます。

世界中でプログラムを実行する、プラットフォームとしての処理能力をブロックチェーンに持たせるには、ブロックチェーン上で扱えるデータの総量を拡張する必要があります。これは、ビットコインの誕生以降、指摘され続けてきたブロックチェーン技術の致命的な弱点でした。

というのも、Proof of Workのブロックチェーンでは、悪意の参加者がいてもセキュリティが保たれるように、新しいブロックを付け足す際に2つの制限を設けています。

1つがブロックの生成時間、もう1つがブロックのデータ容量です。

このため、一定の時間内に承認することのできるトランザクションの総量が限られており「現実的なインフラにはなりえない」という批判をされ続けてきました。

実際のところVisaやMasterCardなどの中央集権型トランザクション処理サービスは最大で秒間45000個のトランザクションを処理できると言われており、毎日4～5億程度のトランザクションを処理しています。

一方、ビットコインのブロックチェーンではなんと秒間7トランザクション（1日最大604800取引）程度しか処理することができません。イーサリアムの場合でも秒間約15トランザクションと、ビットコインの倍程度の処理量しかありません。

これがいわゆる「ブロックチェーンのスケーラビリティ問題」です。

この問題を解決する方法は2種類あり、1つはLayer1.0～1.5のコンセンサスアルゴリズムそのものを変更する方法です。ところが、これらの階層で定義された基幹システムを大きく変えてしまっては、別のシステム体系になってしまいます。

ビットコインのハードフォークも、スケーラビリティ問題をLayer1.0まで遡ってブロックサイズを変更することで発生したものです。

もう1つの方法は、データ処理を分担したり、一定時間ごとに取引を集約したりするためのシステムをこの階層に設け、メインチェーンで直接処理されるデータ量を減らすことです。

そうしたブロックチェーン上のデータ規模を、このレイヤー内で拡張するためのアイデア（ビットコインのLightning Networkや、イーサリアムのPlasmaなど）がいくつも提案され、開発・検証が行われています。この詳細については5章で改めて紹介します。

◆Layer2.5：Basement DApps

さてここで「ブロックチェーンプラットフォームの処理能力がひとまず実用レベルになったと仮定しましょう。このとき、このマシン上で何らかのサービスが展開されるようになるためには、ＯＳが保証するような基本機能を実装する必要があります。

そのような「みんなでブロックチェーンというプラットフォームを扱っていくためのＯＳ的機能の開発」が現在Layer2.5で行われています。

以下では、イーサリアムが多くの人が利用するプラットフォームになるための、いくつかの重要なDAppsを紹介しましょう。

①分散コンピューティング「Golem」

分散コンピューティングとは、「ブロックチェーン上の仮想マシンを利用して、世界中の人々が持っているコンピュータの計算リソースを売買することができるようにする」というアイデアです。

2017年に全世界で販売されたスマートフォンは約4億台、PCの販売台数は約2・5億台にのぼります。こうした個人用のマシンの計算能力の多くは、使い切られることなく遊休状態にあります。

そこで、これらのマシンをイーサリアムの仮想マシン上で行われる計算に参加させ、貢献に応じて報酬となるトークンを与えることで、通常ならばスーパーコンピュータが必要となるような難解で時間のかかる処理（CGのレンダリングや、カオス物理演算など）を個人でもできるようになります。

ビットコインのProof of Workを思い出してみてください。全体がブロックチェーンの維持のために、計算競争を行い、通貨報酬を得ていました。これとよく似たかたちで「意味のある計算処理を共同で行う」のが分散コンピューティングです。

分散コンピューティングの代表例は「Golem（ゴーレム）」というプロジェクトです。ゴーレムはシェアリングエコノミーの考え方を、世界中のコンピューティングパワーに応用し、「CPUにとってのAirbnb」を実現しているとも言えるでしょう。

②分散ファイルストレージ「Storj」「Filecoin」

Dropbox のようなクラウドストレージサービスが普及した結果、今日のインターネットにおいては多くのユーザーのデータが、大規模なデータセンターを持つ企業に集中管理されています。

一方で、PCごとのストレージ容量はどんどん拡大しており、多くのユーザーのPC上には遊休資産となったデータ記憶領域が残っています。これらを有効活用しようというのが分散ストレージのアイデアです。

分散ストレージの代表は「Storj（ストージ）」や「Filecoin（ファイルコイン）」というプロジェクトで、すでにサービスの提供が始まっています。

こちらは Golem と違って「データストレージにとっての Airbnb」といったところでしょうか。

③分散予測市場「Gnosis」「Augur」

イーサリアムのスマートコントラクトは、将来満たされる条件に応じて支払い処理を確実に実行します。そこで、利用者が将来のイベントの結果（Yes か No か、Win か Lose か）

にまつわる先物を発行・購入し、正しく予測すれば報酬を得る、という仕組みが分散予測市場です。

お分かりの方がいらっしゃるかも知れませんが、分散予測市場とはざっくり言うと「誰でも胴元になれるギャンブル」の仕組みです。しかし、ここでの大きな違いは「胴元が利益を中抜きすることが重要ではないこと」「世界規模で〝群衆の知恵〟を集められること」にあります。

ギャンブルの場合、胴元が中間手数料に近い利益を手にすることができ、参加者の射倖《しゃこう》心《しん》を煽《あお》ることが問題となりますが、そこに参加する人々は無数の情報を集め、将来に何が起こるかを真剣に予測を立てます。そこで分散予測市場では、胴元抜きに予測を行って、個人や組織がより正確な意思決定を行うためのデータとして利用できるようにします。

これは①の分散コンピューティングとは違って、利益を追求する人間の知恵をかき集めるアプローチと言えるでしょう。代表的な分散予測市場のプロジェクトは「Gnosis（ノーシス）」や「Augur（オーガー）」の2つのプロジェクトです。

この仕組みは後述する、ブロックチェーンと現実世界との情報共有に不可欠になってきます。

④分散型自律組織（DAO）「Aragon」「Colony」

ブロックチェーンを利用することで、雇用者や経営者のような中央管理者を持つことなく自律的に運営される組織のことを「分散型自律組織（DAO）」と呼びます。

DAppsの運営や開発を進めるにあたり、従来の会社組織では不都合な面があるため、DAOにまつわるシステムを整備することは非常に重要です。

このDAOを気軽に作成し、プロジェクト運営やDApps開発が円滑に進むように参加者の利害を調整するためのプロトコルが「Aragon（アラゴン）」や「Colony（コロニー）」です。

Aragonはブロックチェーンを用いて会社や組織を経営するためのアプリケーションキットを開発しています。資本構成、資金調達、給与計算、会計、細則など、組織の運用に必要な諸々のことを、分かりやすく拡張性の高いインターフェースを用いて一元管理することを可能にしてくれます。

また、「Colony」では、ユーザーが、自身のスキルを記載したプロフィールをつくり、「コロニー」と呼ばれるプロジェクトや企業体を作るか、既存のコロニーに参加することができます。

このように、組織の構築や、組織への参加といった形で、ブロックチェーンのエコシステムを支えていくのがこれらの DApps たちです。

◆ Layer3.0：Interoperable DApps

こうしてブロックチェーン環境で基本的な機能が整備されてくると、いくつものサービスが生まれる土壌ができ上がってきます。

すると、複数のサービスが参照するようなデフォルトアプリケーションが必要とされ始めます。例えば、サービス間で共通のＩＤを利用する DApps や、サービス間のトークン交換を行う DApps、ブロックチェーン間での相互通信を行う DApps といったものがこれにあたります。

Layer2.0〜2.5について解決の糸口が見え始めてきたために、表層のアプリケーションが参照するレイヤーで利用者を獲得しようと、いくつもの基盤 DApps が生まれているのです。

①分散ＩＤ「uPort」、アンチマネーロンダリング「Sentinel Protocol」

今日のインターネットでは、個人情報と個人の信用情報が集中管理されており、中央管理機関がサービスを終了すると、私たちが積み重ねた信用が失われてしまいます。また、サービスの開始時には、ありとあらゆるサービスで個人情報を預けることが当たり前になっています。

そこで「ブロックチェーンに記録したデータは、誰でも閲覧できるが改ざんすることができない」という性質を用いて、個人情報を第三者に渡すことなくさまざまなサービス（オンライン、オフラインに限らず）を利用することができるようなDAppsが開発されています。

この代表格がイーサリアムをベースにした分散ＩＤ「uPort（ユーポート）」というDAppsで、個人情報をブロックチェーン上で安全に管理することができるようになります。

また、仮想通貨に関してたびたび問題視されるのが、匿名性を利用した不正な資金洗浄や、詐欺アカウントへの不正送金についてです。

そこで、ユーザー同士が信用のできないアカウントや、不正に取引を行ったアカウントを報告して、ネットワーク全体で信用情報を共有するアンチマネーロンダリングの仕組みが必要になります。

この代表的なDAppsには「Sentinel Protocol（センチネルプロトコル）」があります。

②分散型取引所（DEX）「0x」「KyberNetwork」

ここまで様々なDAppsを見てきましたが、そのほとんどがトークンを利用してサービス内のエコシステムが循環するように設計されています。

そうして発行されるトークンは、イーサリアム上の別のトークンと直接交換することが可能です。このようにブロックチェーン上でトークンのやり取りを行う仕組みのことを分散型取引所（DEX）と呼び、それを運営者なしに実現するプロトコルがいくつか開発されています。

代表的なDEXとして利用されているのがEtherDeltaやIDEXで、ここからさらに0xやKyberNetworkといった「DEX的な仕組みを自由に構築するためのプロトコル」が開発されています。

③ブロックチェーン間取引「Cosmos」「WanChain」

今後イーサリアムやビットコインだけでなく様々なブロックチェーンが開発され、それぞれのエコシステムが拡大していったときに、DEX的な処理をブロックチェーンをまたいで行えるようにする仕組みが研究されています。

これらはAtomic SwapやCrossChainと呼ばれるアイデアで、現在縦割り構造になりつつあるブロックチェーン同士をつなぐと期待されています。

この代表的なプロジェクトが、「Cosmos」や「WanChain」です。これらはイーサリアム上にあるというよりも、ブロックチェーン同士を接続することに重きをおいたハブとして開発が行われています。

◆Layer3.5：Service DApps

このレイヤーでは、従来のアプリケーションと同様に、ユーザーが直接使える一般的なサービスが開発されています。

現在、特に開発が進んでいるのは「C2Cマーケット」「コンテンツプラットフォーム」「ゲーム」「SNS」などの分野です。

中央集権的な管理者がおらず、コストが小さくてすむブロックチェーン環境の特徴を活かして、個人の開発者やスタートアップ企業が沢山のアプリケーションをこの層でリリースしようとしています。

◆Layer4.0：Blockchain Interface

最後に、こうして多様化したブロックチェーンエコシステムを一般のユーザーがアクセスして、気軽に利用できるようにするインターフェイスの重要性が高まっています。

①ウォレット

ブロックチェーン上でサービスを利用する場合には、必ず秘密鍵が必要になります。この秘密鍵をユーザーの管理下にのみ置き、資産の安全を守りながら、ブロックチェーンへアクセスできるようにするサービスが「ウォレット」です。ブラウザ向けの「My Ether Wallet（MEW）」、デスクトップ向けの「Exodus」やスマートフォン向けだと私の会社が提供する「Ginco（ギンコ）」があります。

②ブラウザ

ブロックチェーン上では、様々なDAppsが開発・公開されていますが、これらはインターネットのWebサイトとして提供されることが基本的です。というのもiOSや

Androidといったネイティブアプリのプラットフォームは中央集権的な管理者によって運営されているため、DAppsに寛容でないケースが多いからです。

こうしたトレンドやWeb3.0の普及を見越して、次世代のブラウザも開発されています。例えば「Brave」というブラウザは、広告表示を完全にブロックし、その代わりにユーザーがサイト運営者に直接寄付できる仕組みを採用しています。

また、ブラウザ上で利用されるウォレットとして「Metamask」があります。

ここまでイーサリアムを例にプラットフォーム内の階層構造を見ていきました。イーサリアム以外のプラットフォーム型のブロックチェーンも同じとは言わないまでも似た構造を持っています。

Web3.0の普及にともなって、こういったプラットフォームがそれぞれに拡大し、様々なサービスの生まれるインフラとなっていくでしょう。

しかしながら、こうしたプラットフォームが、私たちの生活の中で自然に取り入れられるようになるためには、解決すべき様々な問題が存在しています。

次章では、ブロックチェーンが抱えた課題とその解決方針について解説していきたいと思います。

POINT

イーサリアムは、いくつかの階層から成り立っており、それぞれの階層での技術開発が進むことでプラットフォームとしての役割を発揮していく。

第5章

ブロックチェーンの課題と発展

ブロックチェーンを取り巻く様々な問題

　これまで見てきたように、この10年でブロックチェーンのエコシステムは飛躍的に充実し、次世代のプラットフォームとして大きな期待が寄せられるようになりました。

　世界中でブロックチェーンに触れる人が増えていく反面、実社会との間で摩擦が生じ、様々な問題が発生するようになってきました。

　これらの問題は「ブロックチェーン技術に特有のもの」と「技術の急速な発展に伴うもの」の2つに分けられます。

【ブロックチェーンを取り巻く9つの課題】

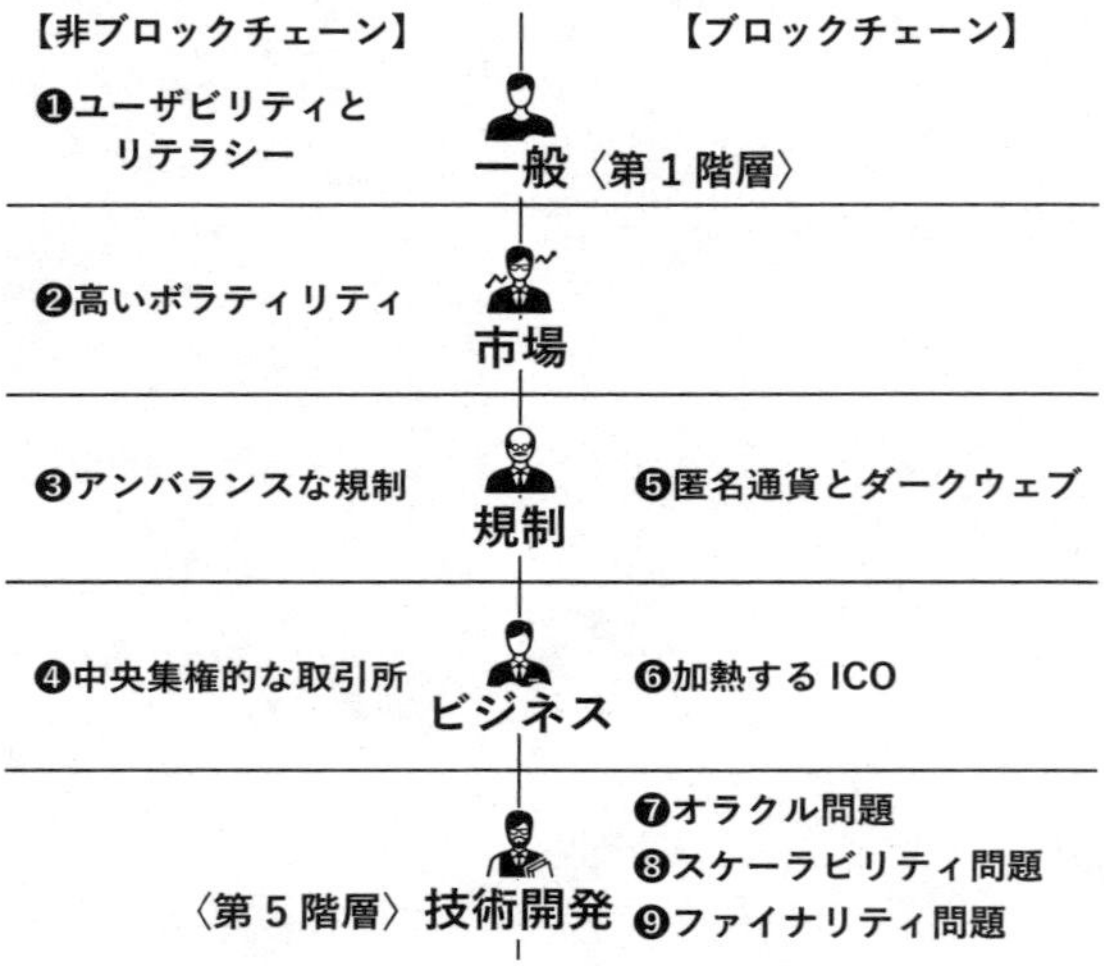

ここからは、さらに右図のように5つのレイヤーに階層化を行って、それぞれの領域でどういった問題が起こっているのか、どのような解決策があるかを順に見ていきましょう。

①ユーザビリティとリテラシーのギャップ

現在のブロックチェーン技術は、ちょうどインターネット黎明期と同様の発展状況にあります。そのためサービスの多くが、ある程度リテラシーを持っているユーザーを想定して設計されています。

また、ブロックチェーンは中央の管理者がいないために、ちょっとしたミスがそのまま大きな不利益となってユーザーに返ってきてしまいます。例えば、仮想通貨の送金時にアドレスを1文字打ち間違えただけでも、その仮想通貨は二度と返ってこないのです。

特に、仮想通貨を投機目的で購入した方は、ブロックチェーンがどういった技術なのか、どうすればそれを上手く利用できるのか、何がリスクになるか、などが全く分からないまま利用している場合も多いことでしょう。

しかしその一方で、前提として求められる知識レベルがやや高度すぎるとも言えます。これは今後、仮想通貨やブロックチェーンが一般に普及していく上で、大きな課題となります。メールを利用する際に、インターネットの仕組みをいちいち利用者が詳しく理解していなくてもいいように、ブロックチェーン上のサービスも利用者に高いリテラシーを求めず利用できることが好ましいはずです。

誰でも気軽にブロックチェーン技術を有効活用したサービスを普及させていくためには、投機的な情報や、不安を煽り立てるような報道ではなく、ユーザーのリテラシーを底上げするような情報発信が必要になっていくでしょう。

そして、サービスを提供する側もユーザーにとって分かりやすいユーザーインターフェイスを設計していかなくてはいけません。特に、ユーザーの資産に直結するウォレットなどは、ヒューマンエラーが発生しないサービス作りを心がける必要があります。

実際、私の会社で提供している「Ginco」というウォレットアプリケーションでは、仮想通貨に初めて触れるユーザーでも分かるようにシンプルさと使いやすさを重点において開発しています。

POINT

仮想通貨が普及してきた今だからこそ、ユーザーフレンドリーなサービスデザインやリテラシーを高めるコンテンツが重要になってきた。

②高いボラティリティとステーブルコイン

ブロックチェーンを利用した様々なアプリケーションが利用される場合、それぞれのアプリケーションでトークンや仮想通貨が用いられます。ところが、多くのメディアでもしきりに取り上げられているとおり、仮想通貨は値上がりに期待して買われる投機商品としての性質を色濃く持っており、過激な相場変動が通貨としての利用を妨げている面があります。

こうした価格の変動のしやすさを指す言葉が「ボラティリティ」です。ブロックチェーン上の仮想通貨が様々なサービスで利用できるようにするためには、通貨の価格を現実の通貨や資産と同程度に安定させる必要があります。

そこで価格が安定した通貨として開発が進められているのが「ステーブルコイン」というアイデアです。ステーブルコインには大きく分けて3種類のモデルがあります。

①仮想通貨を現実世界の資産と直接紐付ける

1つ目のステーブルコインは、中央集権的な機関での換金保証をもとに現実世界の通貨や資産の価格をそのまま割り当てる（ペッグする）方法です。海外の取引所でよく利用されているのがこの方法で、「Tether（テザー）」などが代表的なステーブルコインです。

例えば、仮想通貨の取引所に100ドルを入金したとき、その100ドルをいつでも引き出せる権利を証明するトークンを発行します。このトークンは他の取引所に送金することも可能で、仮想通貨を購入する際の原資として利用されます。

これにより、現実の法定通貨を引き出す権利に裏打ちされる、法定通貨と同程度に安定した仮想通貨を生み出すことが可能になります。

また、現実の法定通貨ではなく、金の資産価値を担保としてデジタル金本位制を可能にする「Digix（ディジックス）」や、ベネズエラ政府によって国産原油1価格によって価値を裏付ける「Petro（ペトロ）」などもこうしたステーブルコインにあたります。

ただ、こうしたトークンは、発行した通貨の額面と同額の預金を、中央管理機関が担保して初めて価値を持ちます。しかし残念なことに、中央集権的な機関の預金が実際に存在しているのか、自発的に管理機関が増発を行っていないかどうか、など多くの問題が示唆されています。

②仮想通貨を担保に調整弁を設けて、法定通貨と紐付ける

前述の方法では、価値担保に中央集権機関を頼っており、透明性と恣意性が指摘されてきました。例えば、先ほどのテザーも、同量のドルを保持していることが価値の裏付けとなっているのですが、実際にドルが保持されているかどうかについて、当局の捜査を受けています。

そこで、自律分散的に運営されるブロックチェーンプラットフォームを利用した、非中央集権的なプロトコルによってステーブルコインを発行する方法が考えられています。

たとえば、「MakerDAO（メーカーダオ）」というプロジェクトでは発行されるトークンＤＡＩは、Etherを担保にして、１ＤＡＩ＝１ドルというレートを維持するように調整が行われます。イーサリアムを利用して、法定通貨のデリバティブを発行するようなモ

デルといえばイメージがつくでしょうか。

③発行量を自動で調整する仕組みを設ける

そもそも、仮想通貨の価格が不安定な理由は、需要の変動が激しいにもかかわらず、供給調整を行うことができないからです。

そこで、通貨の価値が上がりすぎている場合は、通貨の供給量を増やし、そこで生まれた通貨発行益を、通貨の価値が下がりすぎたときに、通貨の買い上げ資金として利用するステーブルコインが考えられています。

この方式のステーブルコインには米ドルと均衡をとりながら、最終的には消費者物価指数に対して均衡するように変動する「Basis（ベーシス）」などがあります。

POINT

仮想通貨のボラティリティを解消するステーブルコインというアイデアがあり、現実の資産を担保する方法と仮想通貨を担保する方法、供給量を調整する方法の３つに大別される。

③アンバランスな規制

仮想通貨市場やブロックチェーン業界の急速な発展に対して、各国の規制当局は厳しく目を光らせ始めました。

例えば、中国では2017年から仮想通貨やＩＣＯへの規制が始まっていますし、日本でも2018年1月のコインチェック事件以来、仮想通貨の交換業者に対して金融庁から業務改善命令が何度も発せられています。

アメリカでは、商品先物取引委員会（CFTC）と証券取引委員会（SEC）が、ＩＣＯで発行された証券性の高い通貨の取締を行い、届け出を行うように命令を下しています

これらは市場の健全化に向けた取り組みではありますが、現状の社会システムの延長線上ですべてを考えているため、アンバランスな部分も見え始めています。

たとえば、金融庁が現在行っている仮想通貨交換業登録について、彼らが許認可を行っているのは、既存の中央集権的な取引所ばかりです。ところが、こうした取引所はその性質上どうしてもハッカーに狙われやすく、ブロックチェーンのセキュアな特徴を活かしき

れない傾向にあります。

ウォレットでの資産管理とＤＥＸ（分散型取引所）のような仕組みを利用することで、ブロックチェーンの安全性と利便性を活かして、ユーザーの資産保全とトレードを両立できるのですが、当局は仮想通貨全般を現実の金融スキーム内の一要素として対応するため、どこか的外れな規制が行われてしまいます。

バランスを失した規制で言えば、「Coinhive（コインハイブ）」というマイニングに関連するサービスについても物議を醸しています。

コインハイブは、Ｗｅｂサイトの閲覧者のマシンパワーを部分的に借りて、サイト運営者がマイニングに参加することで、広告なしにＷｅｂサイトを収益化できると期待されていたサービスです。

しかし、これが「不正指令電磁的記録に関する罪」にあたるとして、事前警告なども一切ないまま、全国各地で利用者の一斉摘発が行われました。

確かに、仮想通貨・ブロックチェーンの技術やコンセプトには、既存の中央管理型の既得権益を脅かす破壊的なイノベーションが含まれます。しかし、これを一概に「反社会性」と同一視してしまうのは、その技術が成熟する機会を奪い、中長期的な利益を損なうことに繋がりかねません。

特に、ブロックチェーンはその成り立ちからボーダーレスな性質が強いため、事業者側がより有利な規制環境に拠点を移しやすい傾向にあります。事実、大手取引所Binanceは、香港からブロックチェーン国家を目指すマルタに拠点を移しました。グローバルに発展する仮想通貨の経済圏から取り残されないようにするには、消費者を保護する適切な規制を設ける守りの姿勢に加えて、技術を育てる攻めの姿勢を持つことが重要です。

POINT

仮想通貨やブロックチェーンはボーダーレスな技術のため、一国の規制だけですべてを制御するには限界がある。国内の消費者保護は重要に変わりないが、技術の成熟を促し業界を発展させるバランスが重要。

④仮想通貨の管理方法とハッキング

本来、仮想通貨を手に入れる方法はマイニングをするか、すでに仮想通貨を持っている人から自分のウォレットへ送ってもらうしかありません。

しかし、多くの人は仮想通貨の取引所を利用して円と仮想通貨を交換することで、手に入れていると思います。

実はこうしたサービス上で、私たちが購入しているのは、仮想通貨そのものではなく、「仮想通貨を引き出す権利」にすぎません。販売所や取引所は、彼らが購入した仮想通貨をもとに「仮想通貨を引き出す権利」を付与し、その権利情報を彼らの台帳上でやり取りさせているのです。

その証拠に、日本に200万人いるとされる仮想通貨の保有者のうち、半数以上が秘密鍵を使って仮想通貨を管理できる「ウォレット」を持っていません。ウォレットなしにブロックチェーン上の資産を保有することはできないので、ブロックチェーン上の記録に従えば、彼らは仮想通貨を持ってはいないことになります。

【中央集権的な取引所】

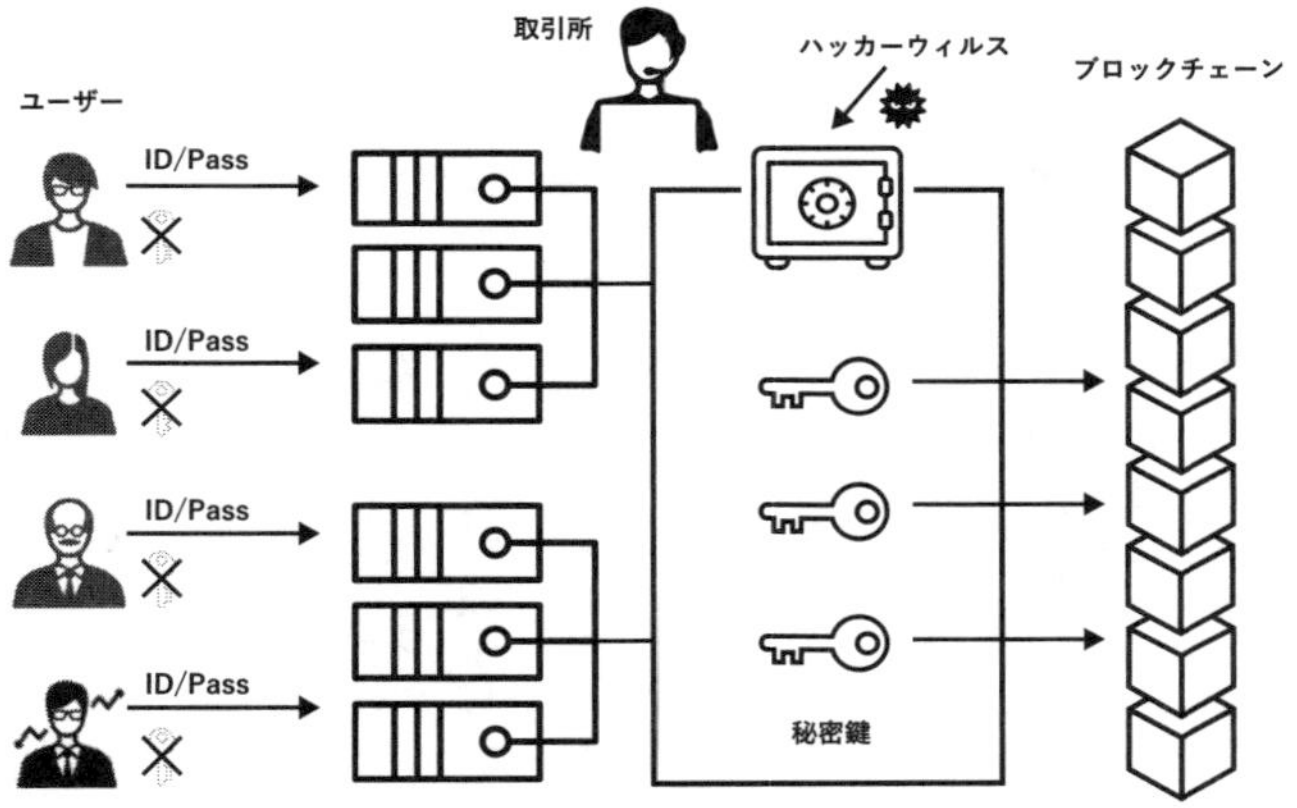

❶秘密鍵が取引所に一元管理されているためハッカーに狙われやすい
❷取引所が破産すると、ユーザーはブロックチェーン上の資産を失う

これの何が問題なのでしょうか。以下で問題点を整理していきましょう。

①取引所は準備額を大量に保有しておりハッカーに狙われやすい

銀行にお金を預けるとき、みなさんのお金は通帳記帳後に、個別の金庫ではなく銀行の大金庫にまとめて保管されます。これと同様に、仮想通貨取引所はみなさんの引き出しに備えて、大金庫に仮想通貨の預金準備をします。

取引所が仮想通貨を大量に持っていることは自明ですので、ここにまとめられた仮想通貨がハッカーの格好の的となります。２０１８年１月に行われたコインチェックのNEMハッキング事件の原因も、取引所という仕組みそのものの狙われやすさにあります。

②取引所が破産すればユーザーは仮想通貨を失う

また、ユーザーは取引所が発行する「仮想通貨の引き出し権」を利用してトレードをしているだけなので、取引所が破産したり資産をロックしたりすると、自分が持っているはずの仮想通貨を引き出すことができなくなります。

これは2013年に発生したMTGOX事件でユーザーが仮想通貨を失ったことや、前述のコインチェック事件で取り付け騒ぎを恐れてユーザーの仮想通貨の引き出しをロックできたことからも分かる通り、ユーザーにとって大きなリスクとなっています。

③ブロックチェーンを直接利用できない

最後に、ユーザーは資産にまつわる権利を秘密鍵ごと取引所に預けてしまっているため、ブロックチェーン上のサービスを利用することができません。

現在はこの問題は表面化してはいませんが、今後ブロックチェーンを活用したサービスが普及したとき、自身の秘密鍵を管理していない利用者が、何かをしようとするたびに取引所へアクセスするような、中央集権的な構造ができつつあります。

これに対する解決策として挙げられているのがウォレットとDEXの普及です。

ウォレットはブロックチェーン上の資産をコントロールするのに不可欠な「秘密鍵」を安全に管理し、様々なサービスを利用するインターフェイスです。

ただ、ウォレットであればすべてが安全という訳でもなく、事業者が中央管理を行っているサーバ型のウォレットではハッキングの被害が発生しています。

このため、サーバーに秘密鍵の情報を委ねないクライアント型と呼ばれるタイプのウォレットの普及が急務となっています。

DEX (Decentralized Exchange) とは、直訳すると「非中央集権型の取引所」のことで、ユーザーが自身の秘密鍵を使って直接ブロックチェーン上でトレードができるようにするものです。

この非中央集権型の取引は、スマートコントラクトで実現されています。

DEXでは、サービスの提供者はあくまでマッチングの場を提供するだけで、交換処理にはブロックチェーン上のスマートコントラクトを用います。そのため交換処理を行うために取引所が利用者の秘密鍵を預かって管理するようなことはありません。

最初期のＤＥＸは「EtherDelta」というサービスで、これはマッチングをするための注文板と通貨交換のスマートコントラクトを一緒に提供するものでした。

ここから、さらにDEXを実現するプロトコル自体が提供されるようになります。代表的なのは「0x」というプロトコルで、様々なサービスやDAppsから、トークンの交換処理を自動的に行えるようにするものです。

また「Kyber Network」というプロトコルは、トークンを交換したい利用者と、一定規模のトークンを持ったファンドとを自動的にマッチングして、簡単にトークンの売買ができるようにします。こちらも他のウォレットやDAppsからの接続を前提に開発、提供が進んでいます。

このように、ユーザーが非中央集権的に資産を保持したまま、Ｐ２Ｐで通貨のトレードを行うことのできる仕組みが考案されており、今後はこうした取引が一般的になっていくでしょう。

POINT

現在の取引所には、外部からのハッキングリスクや取引所自体の信用リスクが存在する。これらのリスクを解消するため、ブロックチェーン上で取引を行う「DEX」という仕組みが登場している。

⑤匿名通貨とダークウェブ

1章でプライバシーの問題に応える形で、「Monero」や「DASH」、「Zcash」といった匿名通貨が登場したことをご紹介しました。

こういった匿名通貨はプライバシーの観点からは優れている一方で、銃や麻薬などが売買されるダークウェブでの支払いに匿名通貨が利用されるなど、犯罪やマネーロンダリングの温床になっていました。そのため、規制当局も匿名通貨に対しては、慎重な対応を行っています。

２０１８年6月段階において、日本の金融庁指定のホワイトリストに匿名通貨は入っておらず、国内取引所のコインチェックも匿名通貨の取扱を廃止しました。

ブロックチェーン上でどこまでの匿名性を認め、どこからを認めないかは、現在も論争の的になっており、各ブロックチェーンごとの用途に合わせて、注意を払うべき課題となっています。

POINT

匿名通貨はプライバシーの観点からは優れているが、マネーロンダリングなどの温床になる可能性があり、注意を要する。

⑥増加するＩＣＯ詐欺とＤＡＩＣＯ

ブロックチェーンのプロジェクト開発を進めるには、優秀なエンジニアやマーケターが必要になります。そこでブロックチェーンのスマートコントラクトを利用して資金調達を行う「イニシャル・コイン・オファリング（ＩＣＯ）」が流行しました。

特に２０１７年は大規模な資金調達を行うＩＣＯがいくつも行われ、ブロックチェーン分野における資金調達がベンチャーキャピタルによる投資を上回るという状況でした。

しかし、実施者による資金の持ち逃げが起きたり、スマートコントラクトのエラーによって取引が中断されたり、そもそも詐欺に近いプロジェクトだったりと、ＩＣＯを巡って様々なトラブルが発生しているのも事実です。

ニューヨークにあるＩＣＯのアドバイザリー企業「Satis Group LLC」が行った調査では、ＩＣＯの80％が詐欺であり、取引所で取引されているトークンはわずか8％に過ぎないという、驚きの結果が出ています。

また、ブロックチェーンプロジェクトの〝平均寿命〟は約1年半程度であるとの調査も出ており、優良なＩＣＯプロジェクトの選定には慎重に行う必要があります。

こうした事情を受け、ＩＣＯなどによって「証券」として発行された仮想通貨を規制すべきという風潮が世界中で強まっており、アメリカの証券取引委員会や日本の金融庁などが、市場の健全化に向けて本格的に動き出しています。

また、ブロックチェーンの技術者側からは、分散型自律組織（DAO）の考え方をICOと組み合わせた、新しい手法として「DAICO」が考案されています。DAICOでは、実施者による資金の持ち逃げができないようにブロックチェーン上に資金がロックされ、プロジェクトの進捗に合わせて行なわれる出資者からの投票によって、段階的に資金が振り込まれていきます。

出資者はプロジェクトの進行と中止を投票で選択することができ、中止された場合は残った資金を回収することができます。このように、スマートコントラクトをより適切に定義することで、ＩＣＯの非対称性・不透明性を解決する方法が模索されています。

ＩＣＯにより資金と人材の流入が増え、数多くのプロジェクトが誕生し、ブロックチェーンのエコシステムに寄与したことも事実です。規制とＩＣＯ自体の仕組みの両面から健全化が図られることで、今後も業界の成長エンジンとして機能していくでしょう。

POINT

ICOが業界の発展に寄与した半面、詐欺などのトラブルも多く、規制と仕組みの両面から健全化が図られている。

⑦現実とブロックチェーンをつなぐスマートオラクル

様々なDAppsが実用化されるにつれて、現実世界で発生した出来事がスマートコントラクト上の条件となったり、反対にブロックチェーン上の処理の結果として、現実世界で何らかの処理を行ったりする必要性が生まれてきました。

前者では、何を現実世界の正しい出来事として参照するのかが問題となります。

例えば、2018年7月3日に行われたサッカー、日本対ベルギーの試合の勝敗結果を、スマートコントラクトの条件に加えたとしましょう。

「2018年7月3日、日本が試合に勝てば、佐藤さんから田中さんに10ETH送金する」といった具合です。

このとき、イーサリアムのブロックチェーンの場合、試合結果のデータはどこにもないので、外部からデータを取り入れる必要があります。そこで、誰かが何らかの方法で2018年7月3日に行われる日本対ベルギーの試合結果をイーサリアム上にデータとして入力するわけです。

ここで重要なのは、入力される情報が正しいのかという問題です。例えば、田中さんが10ETH欲しさに、嘘の情報をオラクルを通じてイーサリアム上に流すかもしれません。こうした不正を防ぐため、スマートコントラクトに与えられる情報が正しいものであることを担保する必要があります。

現実世界でどんな出来事が起きているかを、正確にブロックチェーン上にインプットしていくために、4章で登場した「Augur」や「Gnosis」といった分散型予測市場の仕組みが用いられます。

基本的には将来予測の方法として用いられるこの技術を、過去や現在において正確な事実は何か、を自律分散的に確定させるために用いるもので、このコンセプトを「スマートオラクル」と呼びます。

【スマートオラクルの必要性】

ブロックチェーンと現実世界の情報共有

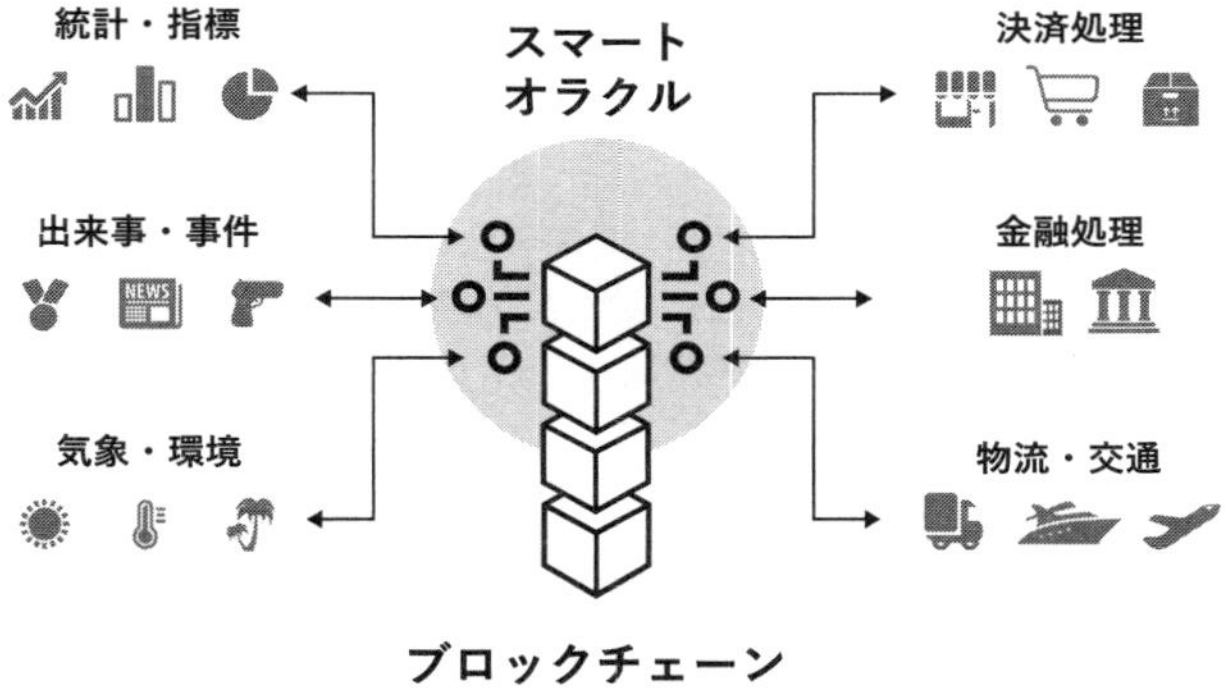

先ほどの例で言えば、２０１８年７月３日の試合結果について、Augarの利用者に投票を行わせます。そして、その結果多数派となった内容を確定した事象としてブロックチェーン内に取り込みます。

さらに多数派に投票した利用者には、Augar内の独自通貨を報酬として与えます。そうすることで利用者は、正しい結果を選択する動機づけがされるので、正しい情報がスマートオラクルを通じて入力されることとなります。

さて、現実世界の情報をブロックチェーン内に取り込む問題の反対に、ブロックチェーン上で確定したデータに従って現実世界で手続きを執行する場合を考えてみましょう。例えば、物品の送付や、住居の権利を売買した後の立ち退きがこれにあたります。

この解決策として、ブロックチェーン上のデータに従って動くＩｏＴデバイスを活用することが考えられています。

これによって、車や家に関する所有権・利用権を管理するスマートコントラクトがあった場合、自分の秘密鍵で署名済みのトランザクションを発行し、送信することで開閉する「スマートキー」や「スマートロック」によって、実際に車や家を使えるようにする、といった利用法が考えられています。

このように、現実世界の情報をブロックチェーン内でも自由に利用できるようにすることで、スマートコントラクトの活用範囲も格段に大きくなります。その反対に、ブロックチェーン上で確定したデータに基づいて、現実世界の資産を管理できるようになると、不動産の取引など膨大な手間がかかっている手続きを簡素化することが可能になります。

POINT

現実世界の情報とブロックチェーン内の情報には隔たりがあり、そのギャップを埋めるためにスマートオラクルは必要不可欠である。

⑧−1 スケーラビリティ問題とコンセンサスアルゴリズムの変更

ブロックチェーンの処理可能な取引量については、スケーラビリティ問題としてビットコインの普及とともに長い間議論されてきた根深い問題です。

これまではセキュリティを犠牲にブロック生成間隔を短縮したり、ブロック伝播にかかる通信負荷を受け入れてブロックサイズの拡大を行うなどConsensus Protocol層での部分的な変更によって、スケーラビリティを大きくしてきました。

とはいえ、今後普及が予想されているプラットフォームとしてのユースケースには、十分とはいえず用途が限定的になるのではないかと危惧されています。

このほかにもProof of Workを行うためのマイニングリソースが、一部の事業者によって寡占されているということが問題視されてきました。もちろん、経済合理性の観点から言って不正が起こるリスクは低いのですが、その反面マイナーに不利なプロトコルの変更などが受け入れられず、利用者が不利益を被るといった集権的な構造が生まれてしまっていたのです。

マイニングの際に生まれる多額の電力も問題視されています。アメリカメディアの報道によると、２０１８年のマイニング電力消費量は、アルゼンチン一国の総電力量に匹敵し、２０２５年に必要となる電力自動車の電力需要量を上回ると予想されています。

スケーラビリティの低さが原因となって、取引の優先度を高める手数料が高騰することも問題です。ネットワークの混雑状況によっては、DApps上のアクションやトークンの送受信のたびに10～１００円程度の手数料がかかる場合もあり、DAppsの普及を妨げていると言われています。

現に、DAppsのDAU（日次利用者数）はトップレベルのものであっても１０００程度に留まっています。スケーラビリティ問題が解決されない限り、ブロックチェーンとDAppsが世界中で日常的に使われるインフラになることはありえないでしょう。

そこで「そもそもブロックチェーンの合意形成はProof of Work以外にありえないのか?」という観点から、Consensus Protocol層を抜本的に再構成して、スケーラビリティの向上を始めとする様々な問題の解決策が模索されています。

イーサリアムが移行を控えている「Proof of Stake（プルーフ・オブ・ステーク、PoS)」もその1つです。

Proof of Stakeは、ブロックチェーン上でより多くの通貨を持っている人ほど、高い確率でマイニングを成功させることができる、というコンセンサスアルゴリズムです。

ＰｏＷの場合、ブロックチェーン上に新しいブロックを追加し、新たな報酬を手にするのは、より多くの計算能力、つまりマシンを持っているマイナーでした。Proof of Stakeの場合は、これに限らず、より多くの通貨を保有しているマイナーがブロック追加による報酬を手に入れやすくなります。

これは、ブロックチェーンの安全性が単純な計算だけでなく、その通貨を持つ人々の経済的合理性のある判断に支えられていることに着目しています。ＰｏＷのブロックチェーンの場合、全マイナーの51％にあたる計算能力を支配することができれば、過去のブロックの書き換えが可能です。

しかし、それを行うと自分が苦労して手に入れた計算マシンや仮想通貨の価値が失われてしまうため、現実的にはその計算能力をマイニングに利用したほうが利益が出るのです。

一方でＰｏＳでは、ネットワーク内により多くの資産を持つプレイヤーが、ネットワーク維持により大きな責任を果たす、という考え方が採用されています。不正を行ったプレイヤーは持っている資産の価値を失うので、正しくネットワークに貢献するはずであるという「緩やかな信用モデル」を取り入れているという訳です。

ＰｏＳの利点は2つあります。マイニングマシンによる膨大な計算プロセスを廃することで、ブロックチェーンを維持するための現実的なコストを引き下げることができること、ブロック生成にかかる時間が短縮されることです。

また、緩やかな信用モデルを成り立たせる「保証金」の考え方を用いて、後述するPlasmaやShardingといった、その他のスケーリングソリューションが有効活用できるようになります。

一方、デメリットとして挙げられているのは、51%攻撃がＰｏＷに比べてマシン調達など物理的な制約がなく容易であること、あらかじめネットワーク内の通貨価値をダンピングしてから改ざんを仕掛けられること、保有を重視して通貨の流動性が下がりやすいこと、そして多額の通貨保有者がネットワークを寡占する恐れがあることなどで、これは目下の検討課題となっています。

イーサリアムの場合は公表当初からＰｏＳへの移行が計画されており、現在は「Casper

（カスパー）」と名付けられたＰｏＳの実用化プロジェクトが進行中です。

また、イーサリアム以外のブロックチェーンでも、ＰｏＳベースのコンセンサスアルゴリズムが利用されています。

例えば、通貨保有量をブロック作成者を選ぶための投票権として扱うDelegated Proof of Stakeを採用するLiskや、取引の活発さを加味するProof of Importanceを採用するNEMがその代表格でしょう。

POINT

Proof of Workに変わる新しいコンセンサスアルゴリズムのうち、代表的なのが「Proof of Stake（ＰｏＳ）」であり、ＰｏＳでは計算力ではなく通貨保有額がマイニングの成功率に影響する。

⑧－2 メインチェーンの負担を分散するスケーリングソリューション

コンセンサスアルゴリズムの変更は、ブロックチェーンの仕様そのものに対する抜本的な変更となります。また、この領域はブロックチェーンのセキュリティに直結する問題のため、増やすことのできる処理能力にも限界があります。

そこで、ＰｏＳでも示されたような「保証金による緩やかな信用モデル」を利用して、4章でも紹介したレイヤー2（処理量を拡張する階層）を挟み、そこで発生した取引の結果だけをメインのブロックチェーンに書き込む、という施策が模索されています。

単純化して考えるために、ブロックチェーンを道路に例えてみましょう。この道路では道幅を簡単に拡張することができないために、頻繁に渋滞が発生しています。また、道路のすぐそばに店舗がたくさんあるため、出入りする車の往来が渋滞の原因になっています。ここでいう道幅がメインチェーンの処理能力、店舗が様々なDAppsにあたります。

このとき、渋滞を解決する方法は大きく2つあります。1つは、道路の地下にトンネルを作って並走できる車線を増やす方法です。これにあたる解決策が①「シャーディング」と呼ばれる方法で、ブロックチェーンの並列処理を可能にします。

もう1つは、渋滞の原因の1つである店舗をサービスエリアのような隔離空間にとりまとめ、そこでの往来をメインチェーンと切り離すことです。これにあたる解決策が②「サイドチェーン」と言われています。

①「シャーディング」による並行処理

シャーディングとは、簡単に言えばブロックチェーン内部の分割による並行処理の技術です。

ブロックチェーンは、取引の真正さを保つため、すべてのノードがネットワーク全体を確認しています。そこで、ネットワークの内部を並列のグループに切り分けて、各グループ内で取引を確認し、それぞれの結果だけを取りまとめます。そしてメインのチェーンに記録していくことで、並行処理を可能にしようというのがシャーディングのアイデアです。

例えばイーサリアムでは現在、約32000のノードすべてが15秒ごとに約100個のトランザクションを確認している訳ですが、これを320ノードずつ100のグループに分けてみましょう。

それぞれのノードではランダムに選ばれた代表者がグループ内の他の319のノードから報告された取引をチェックし、それを取りまとめます。その内容をイーサリアムのメインチェーンに提出し、過去の取引と齟齬《そご》がなければそれを新たに追加します。

これにより、同じ15秒間に10000個のトランザクションが処理できるようになります。グループ内のノード数が少なくなると、不正が事実として提出される可能性が高くなってしまいますが、各グループの代表者は事前にイーサリアムを保証金としてメインチェーンに預けることで、それを失う負のインセンティブのもと正しい取引を報告します。

②「サイドチェーン」による結果整合処理

サイドチェーンによる結果整合処理とは、メインチェーンと保証金でつながった別チェーンを作って取引を行い、その結果を自由なタイミングでメインチェーンに記録することで、メインチェーン上でやり取りされる取引の数を減らす方法です。

例えば、一週間で、アリスからボブへ10ETHが送られ、そのうちの5ETHがボブからチャーリーに送られた後、チャーリーがアリスへ5ETHを送ったとしましょう。

このとき、メインチェーンをそのまま利用する場合は「月曜日にアリスがボブに

10ETHを送る」「水曜日にボブがチャーリーに5ETHを送る」「金曜日にチャーリーがアリスに5ETHを送る」というそれぞれの処理が別途記録されることになります。

これを「アリス：-5ETH／ボブ：+5ETH／チャーリー：±0ETH」という結果だけを提出することで、メインチェーン上に記録されるデータの総量を削減することができます。

実際はより複雑な処理が行われるのですが、こうしたサイドチェーンの開発が進むことで、DApps内で行われる煩雑《はんざつ》な取引が、メインチェーンの処理にかける負荷を軽減できると言われています。

POINT

スケーラビリティを得る方法として、ネットワークそのものを分割・並列化する「シャーディング」と、自由に取引を行って最終的な結果だけをネットワークに記録する「サイドチェーン」の2つの方法が考案されている。

⑨ファイナリティの課題と「ＢＦＴ」の実用化

ファイナリティとは、ある約束が履行されたと確定することで、ＰｏＷのブロックチェーンではこれが曖昧だとする指摘があります。

例えば、現金決済の場合、金銭の支払いはお金を手渡して商品が引き渡された段階で、決済が履行されたことになります。中央集権型の銀行決済の場合では、相手の口座への払込が銀行によって処理された時点でファイナリティを得ます。

ブロックチェーンでは、過去の出来事を次々に暗号化して現在のブロックに取り込んでいくことで、チェーン全体の堅牢性を保っています。

これは裏を返せば最新のブロックの内容は完全には確定しておらず、あくまで「覆すのが確率的に難しい」という状態にすぎません。この確率的な難しさを繰り返し積み重ねていくことで、「覆すのは確率的に不可能」という状態まで改ざんの可能性を引き下げていく必要があるのです。

ビットコインでは１つのブロックを生成するのに約10分必要となりますが、一般的に６

【より長いチェーンが有効となる】

チェーンが複数に分岐する場合がある → **より長く繋がったチェーンを有効なチェーンとする**

例）ナンス値が同時に2つ見つかる
アップデートの賛否が分かれる
マイナーがブロックを共有しない

＝

ブロックが無効になる場合がある

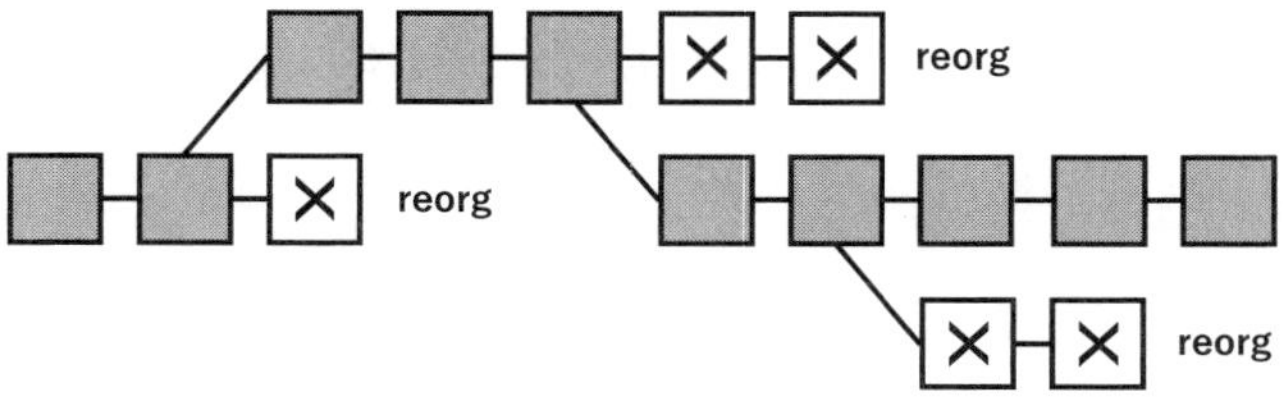

このブロックチェーンの再編成はreorg（reorganazation）と呼ばれる
また、reorgを意図的に起こすことで二重支払いが可能になる

つのブロックが連鎖してようやく「覆すことが不可能」な状態だと考えられています。

そのため、ファイナリティを得るまでにタイムラグがあり、現金決済に比べて「今、誰がお金を所有しているのか」を確定するのに時間がかかってしまいます。

また、ブロックが偶発的に2つ同時に生まれ、チェーンの分岐が起こる場合には、より長くブロックをつないだチェーンが正当なものとしてみなされることになります。この際、もう一方のブロックで認められた取引はなかったことになってしまいます。これがブロックチェーンのreorg（リオルグ）と呼ばれる現象です。

ファイナリティの問題のスキを突いて、reorgを意図的に起こし二重支払いなどを行うための方法として、セルフィッシュマイニングがあります。

セルフィッシュマイニングは、十分なマイニング参加者のいない小規模のブロックチェーンで、計算力の独占が可能な時に発生する攻撃です。特定のマイナーが新しく作ったブロックをネットワーク内で共有せずに一定以上の長さにしてしまい、後からそれをまとめてネットワーク内に共有することで、その他のマイナーがコツコツ作ってきたブロックを置き換えてしまうというものです。これは、意図的に一定期間の出来事を上書きできる攻撃手法のため、二重支払いなどを引き起こす恐れがあります。

実際に2018年6月に、日本のモナコインがセルフィッシュマイニングによるreorgが行なわれ、取引所で二重支払いの被害が発生しました。

ファイナリティとスケーラビリティを両立するコンセンサスアルゴリズム「BFT」

ファイナリティの問題は、取引の決済処理に多大な責任を負ってきた既存の金融機関にとって特に大きな問題でした。前述のようにブロックの確定が一定時間確率的な不安を持っている以上、彼らがパブリックなブロックチェーンを利用しづらいのにも納得がいきます。

そこで彼らは、プライベートなブロックチェーンにこのファイナリティを持たせ、高効率で運用するためのコンセンサスアルゴリズムを考えてきました。その1つがビザンチン・フォールト・トレランス（ＢＦＴ）型と呼ばれるコンセンサスアルゴリズムです。

ＢＦＴは、取引の承認権限を持つ「コアノード」と、ブロックチェーンの利用するだけの「アプリノード」とを区分して、ブロックの生成作業をコアノードに委託するモデルです。

ブロック生成に参加できるコアノードには、必要となる条件を満たしたノードだけがなれます。そしてコアノードの中にもリーダーとフォロワーがおり、フォロワーが承認したブロックの内容を毎回リーダーが確定処理することで分岐が発生しないようにしています。

例えるなら、銀行本店がリーダーのコアノード、各支店がフォロワーのコアノード、そして利用者がアプリノードといったイメージでしょうか。あるいは、中央政府がリーダー、地方自治体がフォロワー、市民がアプリノードとしてブロックチェーンを利用する形になります。

ＢＦＴのメリットは2つあります。1つは、マイニングに参加するのが認められたコアノードだけのため、非効率なマイニングが発生せずスケーラビリティが高いことです。もう1つのメリットは、リーダーの確定処理によって、ブロック生成の時点で取引がファイナライズされることです。

一方、問題視されているのはコアノード（リーダー／フォロワー）を誰がどう選ぶのか、それを信用しなければならないのか、という点です。ビットコインなどのように完全にパブリックなネットワークに比べれば中央集権的な設計のため、いかに権力の集中を防ぐかが重要になります。

これを解決するアイデアとして、いくつかの方法が提唱されています。

まず、コアノードの選出を非中央集権的に行う方法です。例えば、任期ごとにコアノード候補者を募り、アプリノード達による投票でコアノードを選出するといったやり方で、「ＥＯＳ」や「ＮＥＯ」というブロックチェーンはこの方法を採用しています。また、コアノードに立候補する条件に簡単なＰｏＷ競争に勝利することを設け、短期間のシャッフルを繰り返すことで権力の集中を防ぐというアイデアもあり、これは「Zilliqa」というブロックチェーンが採用しています。

ＢＦＴでは、ブロックを作成するのがコアノードのみで、コアノード全体で報酬を分け合う仕組みが取られるため、ブロック生成の難易度が釣り上がりにくい傾向にあります。これに伴い、ブロック生成にかかる時間を短縮することができ、スケーラビリティを高めることも可能です。

不正を行ったコアノードに対しては、権限そのものを奪ったり、保証金を設定してそれを失うようにしたりと、様々な負のインセンティブで不正がないようにコントロールする場合もあります。

このような形で、ファイナリティとスケーラビリティを両立した「第3世代ブロックチェーン」が、次々と実用化されているのです。

POINT

ファイナリティを重視する金融機関が開発していた「ビザンチン・フォールト・トレランス」を、公共のブロックチェーンでも利用できるようにする、第3世代のブロックチェーンが生まれている。

ブロックチェーンの実用化はいつ？

２０１８年に入り、仮想通貨投資の狂乱が落ち着きを見せるなか、既存のシステムに慣れ親しんだ一部の識者たちが「ブロックチェーンは使い物にならない」と口にすることが増えてきたように思います。

イギリスの権威あるＩＴマーケティング会社、ガートナーが２０１７年に発表したＨＹＩＰサイクル（高収益投資プログラム）によると、ブロックチェーンはこれからしばらくの期間、現実的な課題と向き合うことになります。実体の伴わないバブル状態は減り、現実世界で用いられる本当に価値あるものだけが生き残る厳しい競争環境が生まれるでしょう。

ところが、コアな技術開発に取り組める層と、一般人に利用されるサービス開発を行う層に、まだまだ乖離《かいり》があります。そのため、キラーアプリケーションが世に出るまでは、一般の人々に広く受け入れられるのにも時間がかかるはずです。

世の中を大きく変えるポテンシャルを秘めた技術が普及するには、ゼロベースで基礎研

【HYIPサイクルとブロックチェーン】

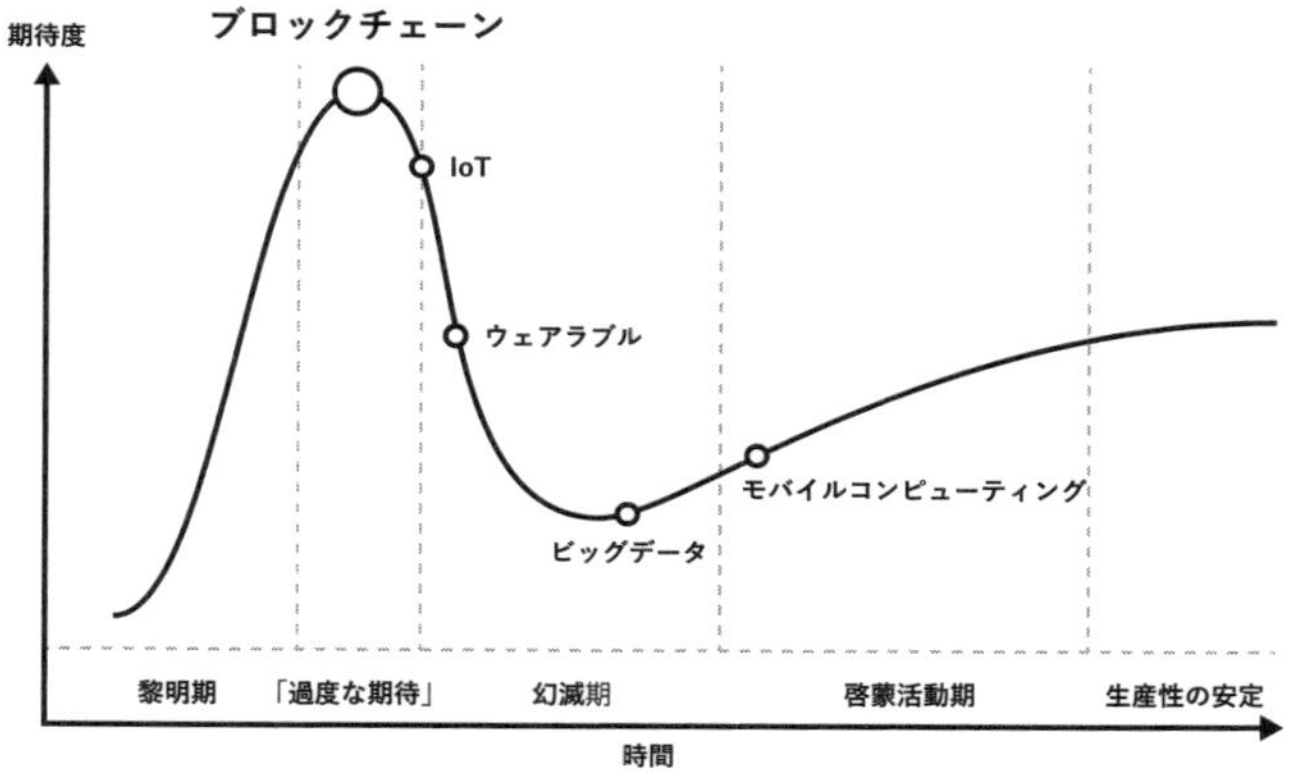

ガートナー(2017年9月)より作成

究を積み上げていかなければなりません。

今はまさに基礎研究を積み上げながら、この章で見てきたようなブロックチェーンが抱えた数々の課題を1つずつ解消していく時期だと言えるでしょう。

とはいえ、そんな中でも、今の世の中の課題を改善するブロックチェーンのプロジェクトが次々に生まれていることも事実です。

次章ではそんなブロックチェーンの活用方法の中から、すでにサービスをローンチした先進的な事例を紹介していきます。

第6章

ブロックチェーンのユースケース

ブロックチェーンの活用事例

お金の技術から始まり、記録技術としての革新性が見出され、契約技術をアップデートし、次世代のプラットフォームとしての可能性を秘めたブロックチェーン。

この技術を活かしてすでにサービスが開始されているユースケースには、大きく2つの方針があります。

1つ目の方針は、ブロックチェーンを共有データベースとして活用し、情報伝達の効率化や非対称性の解消を図ることです。この方針では、ブロックチェーン技術における記録機能の革新性に重きがおかれています。

さらに、ブロックチェーン上でデジタルデータに唯一性を付与できることから、これまで柔軟に取引できてこなかったものをインターネットを介して取引できるようになり、流動性を高めることが可能となります。

これに伴い、本来のデータ所有者がその所有権を正当に利用できる、公共的なビジネスが生まれようとしています。

2つ目の方針は、スマートコントラクトを用いて、これまで運営者がいなければ成立しなかった一連の商取引を、P2Pで成立させようというものです。こちらの方針では、スマートコントラクトを利用して、中央管理者なしのマーケットプレイスの可能性が模索されています。

シェアリングエコノミーと呼ばれる経済革命と共に拡大したC2Cサービスにおいて、どうしても存在していた胴元を無くすことで、多くの分野で完全な個人間取引を実現することができます。

また、Web上のプラットフォームに独自のトークンを組み込むことで、様々な人を巻き込んだ新たな経済圏を構築するビジネスが多数生まれています。

POINT

現在実用化が進むブロックチェーンのユースケースには、「記録」に重きをおくものと、「契約」「プラットフォーム」に重きをおくものの2つの方針がある。

データベースの共同利用によるコストの削減

ブロックチェーン以前の情報システムでは、データの内容が同じであっても、管理している事業者が異なれば、異なるデータベースに保管されてきました。複数のサービスで、何度も氏名や住所などの同じ情報を登録しなくてはいけないことを思い出していただくとイメージしやすいかと思います。

同じ情報なのに、複数の事業者のデータベースで重複して管理をすることは、管理側にとってもコストを生んでいます。普段生活している限りでは、こうしたコストを実感することはありませんが、世の中のありとあらゆる商品・サービスの背景にはデータベース間の摩擦にともなう負担が原価としてのしかかっています。

それをブロックチェーン上に記録することで、複数の事業者が同時に参照できるようになり、重複データをそれぞれが持つ必要もなく、スリム化を図ることが可能です。

また、このような事業者のデータベースは、一般の利用者にとって完全にブラックボックスなため、利用者側には検証のコストが発生しています。例えば、食品偽造や経歴詐称などの問題は、利用者に知る権利のある情報について、非対称性があることがそもそもの原因です。

さらに、中央の管理者がいないブロックチェーンは、利害の相反する競合同士であっても連携が図りやすく、業界単位で情報の有効活用ができるという特徴があります。

◆金融機関によるブロックチェーンの導入

「管理者不在の通貨」というセンセーショナルな登場をしたビットコインに注目が集まりがちですが、ブロックチェーンは中央管理者のもとで運用することも十分可能です。

特にビットコインが「信用を排するためにロスの大きい計算を参加者に強いるシステム」であったため、かえって既存の金融業界の方は自分たちの積み上げてきた信用を活かす形で、ブロックチェーンを利用する方法を考えました。

例えば、クレジットカードを店頭で利用する場合を考えてみてください。このときに、私たちが直接支払う金額は現金で会計を行った場合と変わりませんが、店舗側にはクレジットカードの利用手数料が発生しています。

この手数料は、VISAやMasterCardなどのカードブランド、店舗と加盟契約を結ぶアクワイアラ、利用者にカードを発行するイシュア、決済処理を完了させるプロセッサなどに分配されています。しかし、それぞれのデータベースが異なるために、発生したデータの不一致を解消するクリアリング作業に多大なコストが生まれています。

仮に店舗がこの手数料を支払う必要がなければ、消費者がその分安くモノを買えたり、一品多く料理を食べられるかもしれません。

銀行間決済、国際送金といったケースでも同様に、データベースの整合性をとるコストを引き下げ、利用者にフィードバックされる負担を削減することができます。

そうした試行錯誤の中で生まれたのが、ブロックチェーンに参加するために事前の許可を必要とするパーミッションド・ブロックチェーン(Permissioned Blockchain)です。

パーミッションド・ブロックチェーンには、特定の企業グループ内で相互利用されるコンソーシアム型と、個別の企業が独自に利用するプライベート型に分類できます。

パーミッションド・ブロックチェーンでは、管理者がネットワークの参加者を審査して、お互いを信用することができるため、不正なブロックの作成や、ブロックの書き換えといったリスクに対処する必要がありません。

これにより、ブロックの承認時間が大幅に短縮され、必要な計算資源も少なくて済む、新しいフォーマットの台帳システムを導入することが可能になりました。

代表的な事例としては、Linux財団が推進する「Hyperledger（ハイパーレッジャー）」が挙げられます。

ハイパーレッジャーはメンバーシップ管理を前提としたパーミッションド・ブロックチェーン導入のためのプロジェクトです。ソースコードが開示されているため、各国の主要な金融機関や大企業が実証研究に用いています。日本からはNTTデータや富士通、日立、NECといった、金融システムのベンダーがハイパーレッジャーのプロジェクトに参加しています。

最近では、日本のMUFGが米国のAkamai社と共同で開発したブロックチェーン台帳が、既存の金融システムをはるかに上回る世界最速の取引処理を実現していますが、これはハイパーレッジャープロジェクトの技術を応用したものだと言われています。

また、米Ripple社が提供する「Inter Ledger Plotocol」も金融機関に導入されることを目的としたブロックチェーンです。各銀行がそれぞれに管理する台帳をつなぎ込み、分散台帳を維持するほか、送金・決済処理をスムーズに行うためのブリッジ通貨として

「XRP」という独自通貨を発行しています。

◆「サプライチェーン」のトレーサビリティ改善

データベース間の摩擦が問題となるテーマとして、サプライチェーンの問題があります。サプライチェーンとは、原料が消費財として一般消費者の手元に届くまでの全工程を指しており、プロセス全体を一貫して透明に保つことで、経営を効率化することが可能です。また、食品偽造の問題などもサプライチェーンの透明性の低さに起因するもので、消費者保護の観点からも重要になります。

このサプライチェーンに関する問題を解決しようとするのが「Everledger」や「VeChain」などのブロックチェーンです。例えば、「Everledger」の代表的なプロジェクトとして、ダイヤモンドのサプライチェーン管理があります。

このプロジェクトではブロックチェーンを使うことで、自分が購入・保持しているダイヤモンドが本物であるか、倫理的に正しい生産過程を経ているかを保証します。

現在のダイヤモンドの生産過程には、通常発生するデータ管理の他に「偽ダイヤモンドの流通」と「非倫理的な生産過程で生産されたダイヤモンドの存在」という2つの大きな問題があります。

ダイヤ市場では、質の低いダイヤモンドや、ダイヤモンドではない石をダイヤモンドだと偽って販売する問題が起きています。ダイヤモンドは、個人の目では真贋《しんがん》の区別がつきにくいため、信頼できる第三者機関によって証明書の発行も行われますが、この証明書の発行や保管にも、大きなコストがかかってしまいます。

また、ダイヤモンドには、「ブラッド・ダイヤモンド」と呼ばれる、紛争のための資金調達の手段として生産されているものがあります。ある調査では、生産されるすべてのダイヤモンドの内、約15％が、紛争のための資金調達のために生産されていると言われています。

しかしながら、ダイヤモンドは、採掘から多くの過程を経て生産され、世界中で購入・譲渡・中古販売などの複雑な過程を経て消費者の手に渡ります。そのため、ダイヤモンドが本物かどうか、また倫理的な生産過程を経てきたのかを判断することが難しくなってしまいます。

ブロックチェーンを活用して、ダイヤモンドの真贋証明書や、サプライチェーン情報を管理することが可能になれば、消費者は「そのダイヤモンドが本物か」「倫理的な生産過

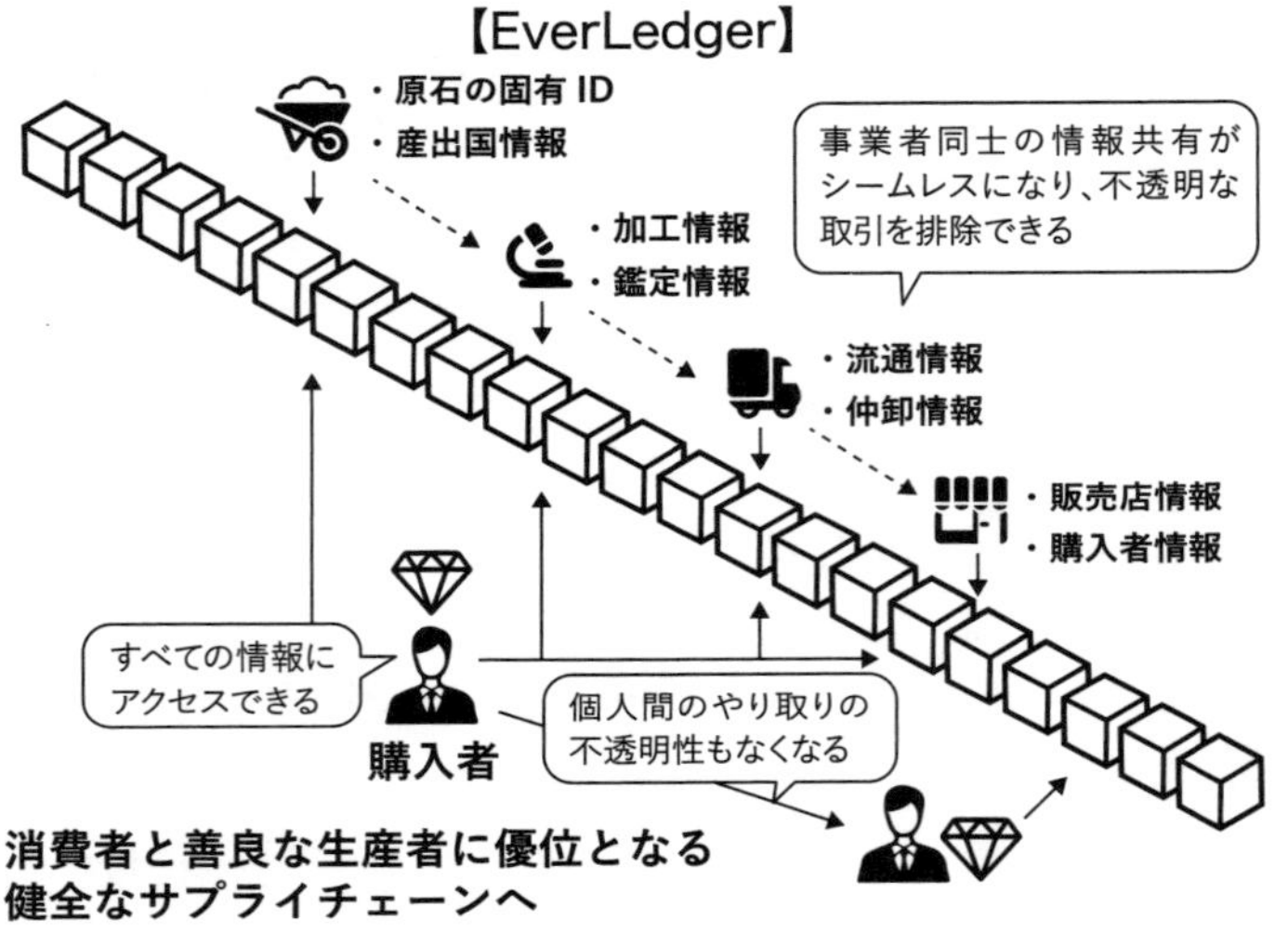

程を経て生産されたものか」をいつでも参照することができるようになります。

なお、こうしたブロックチェーン活用においては、真贋鑑定といった極めて専門性の高い判断をどこかで取り入れる必要があるため、オラクルとして専門機関とタッグを組むケースがほとんどです。

このような形で、企業が自社のサプライチェーン・マネジメントを改善する施策としてパーミッションド・ブロックチェーンを利用することも増えており、その他、ダイヤモンドを扱う「Everledger」以外にも、ワインに特化した「WINE Blockchain」やブランド品の流通管理に用いられる「VeChain」などのブロックチェーンが挙げられます。

◆「経歴」や「職歴」に関する公共のデータベース

データベースを一貫することによるメリットは、B2B取引だけのものではありません。経歴や職歴と行った個人の情報も、真正な記録としてアーカイブ化していくことが可能になります。

2012年に実施された調査によると、1年間で発行される卒業証書の数は、EUの高等教育機関から400万通、米国の大学だけでも400万通、中国で700万通と、世界中で多くの卒業証書が発行されています。

また、発展途上国の人口と教育機会の増加にともなって、高等教育機関は増え続けていますから、この量は今後も増えていくと予測できます。

受け取った側にとって卒業証書は1枚限りですが、発行する大学側は無数の重要書類を独自に発行して管理しているため、大学側の管理コストだけでなく、企業側閲覧の不便さも発生しています。

また、学歴社会が加速した昨今、世界中で学歴や経歴の詐称が問題になっています。こ

【BC Diploma】

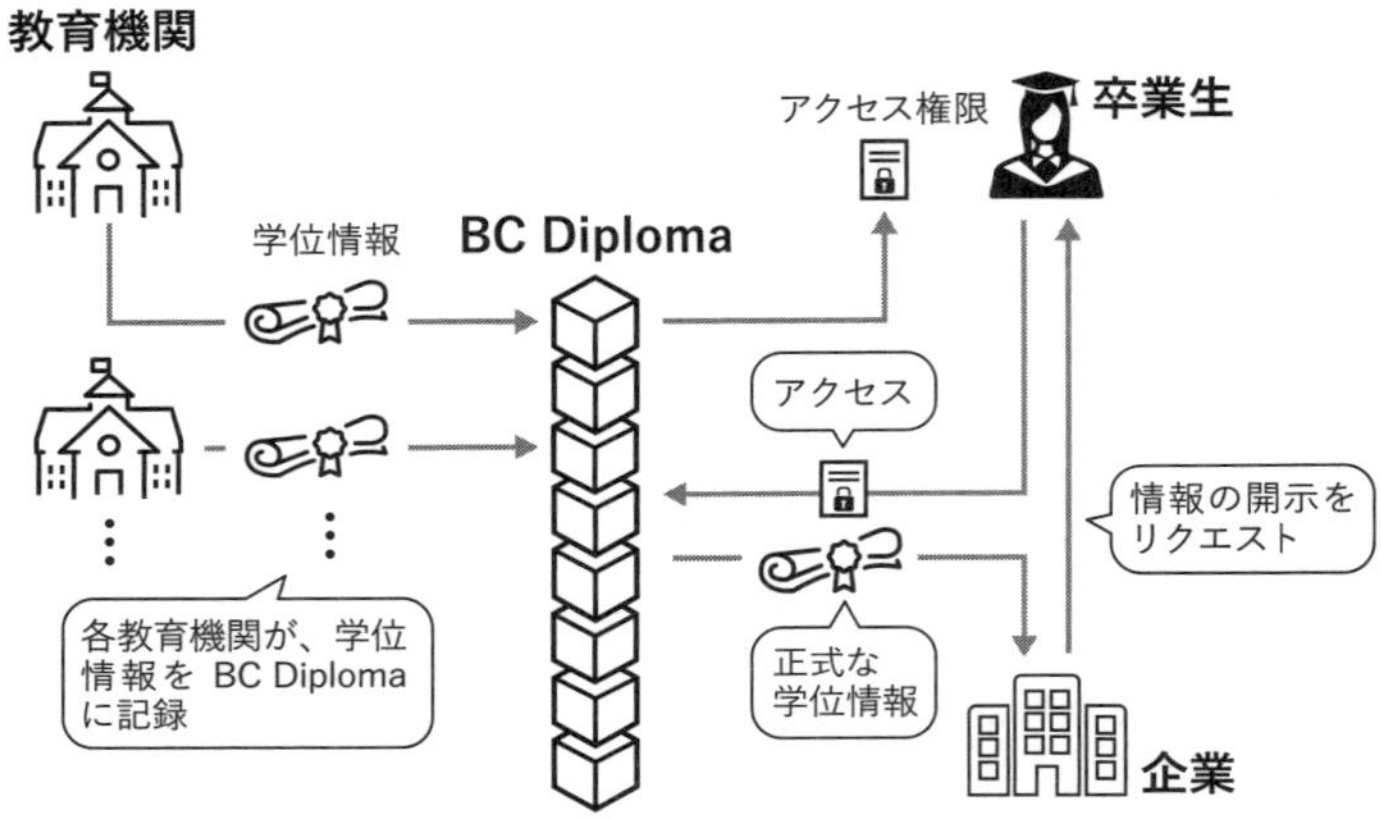

立場や目的の異なる人同士が、有効活用できる単一の公共データベース

うした学歴詐称は、個人が行うだけに限らず、偽の卒業証書を発行し販売する業者が世界中に存在しています。こうした事情により、事業者は求職者の経歴にまつわる真贋を見極めるコストを支払っています。

この問題を解決するブロックチェーン事業の1つが「BC Diploma」です。

「BC Diploma」は、大学などの高等教育機関が発行した卒業証書や学位に関する情報をブロックチェーン上に記録できるようにします。これにより、教育機関の情報管理コストや、企業の採用コストを下げることが可能になります。

学歴や職歴は、人的資源のサプライチ

ェーンとも言うべきものです。こうした情報を公共のデータベース上で一貫して管理することで、社会全体で発生する「嘘を見抜くコスト」を取り除くことができるようになります。

職歴を記録していくブロックチェーンには、この他にも日本発の「SKILLCOIN」などが存在しています。

◆「公証」がより便利に利用できるようになる

土地の権利書や身分証明書など、これまで公的に管理されてきた重要な情報も、ブロックチェーン上で記録されることで、利便性を高めることができます。身近な例で言うと、公的な文書を発行するために役場に足を運ぶことはなくなるでしょう。

例えば、Factom（ファクトム）は、ブロックチェーン上で改ざん不可能で安全なデータ管理を保障する分散型の公証プラットフォームです。

公的な記録が分散的に管理・利用されることの活用範囲は多岐にわたり、ベースとなる記録管理のブロックチェーンの上に、住宅ローン管理の「Harmony」や、情報アクセス権に関する「dLoc」など様々なDAppsが開発されています。

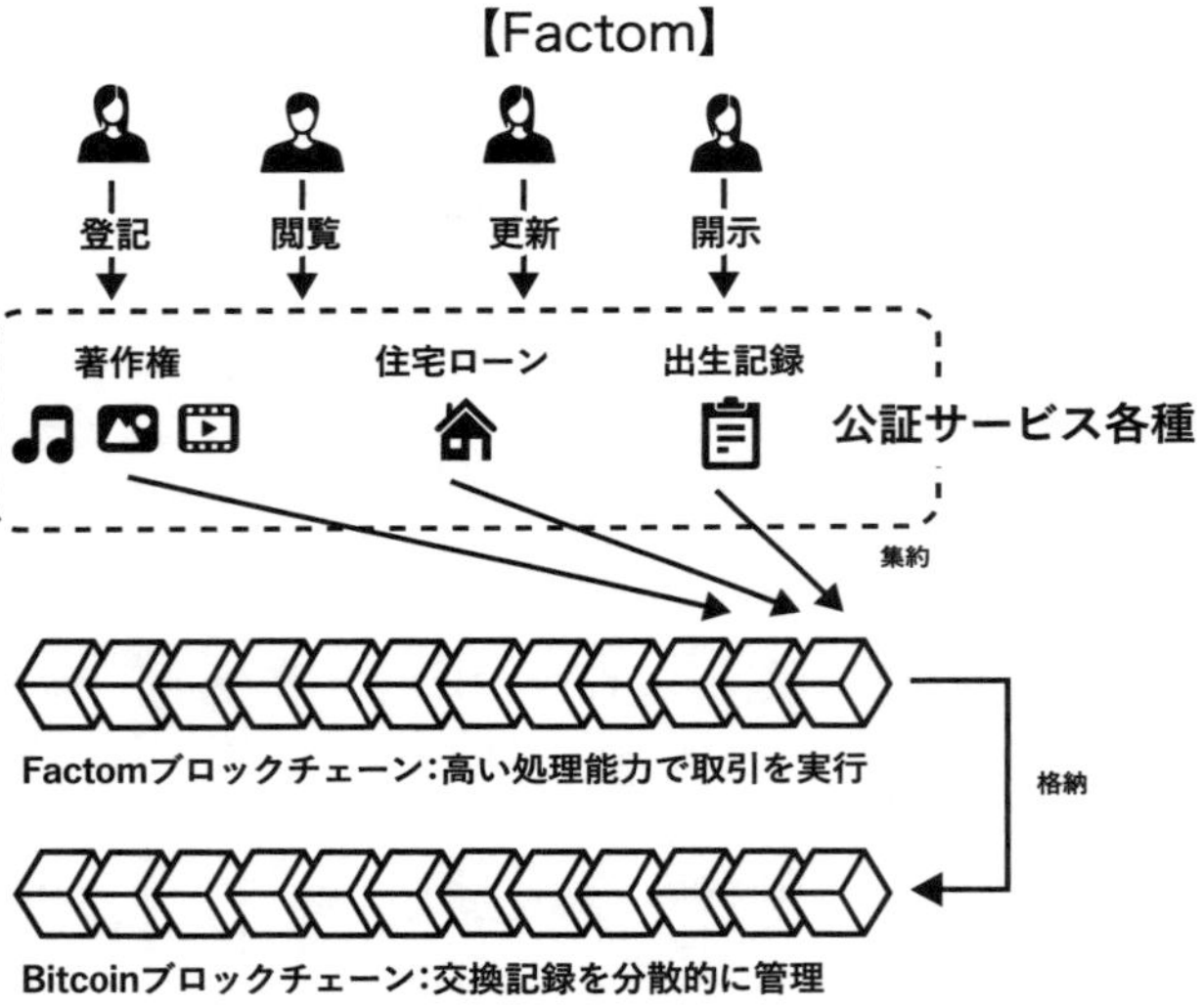

特に、行政インフラの整備が行き届いていない発展途上国では、中央管理のコストをかけずに維持・運用できる公証プラットフォームが様々な社会課題を解決します。

そして、これまで銀行口座を開設できなかった人や、モノの所有権を主張できなかった人が、当然の権利を行使することができるようになっていきます。

このように「誰がどんな権利を持っているか」は、これまで中央管理機関の承認のもとでしか判明しませんでした。しかし、ブロックチェーンを利用することで、分散的でオープンなデータベース上にこれらの情報を記録し、さらにそれをやり取りすることが可能になります。

こうしたサービスはFactomに限らず、イーサリアムやビットコインのブロックチェーン上でも同様に開発されており、「Stampery」などもそのひとつです。

POINT

これまで公的に管理されてきた重要な情報もブロックチェーン上に記録していくことで、利便性を高めることができ、活用範囲は多岐にわたる。

情報の所有者がデータそのものを取引できる

ブロックチェーン上の情報は「アクセス権やコントロール権が個人に紐付く」「特定の管理者がいない」という特徴があります。これにより、これまでは一部の事業者がビッグデータとして独占していた様々な情報が、本来の所有者の手元に戻ることで、公共のデータベース上での取引材料にしていくことが可能になります。

また、ブロックチェーンのシステムでは、これまでは利用者にすぎなかった一般の人々を通貨を絡めた報酬モデルで巻き込んでいくことが可能です。

最近では、クチコミサイトによる情報共有が消費行動に影響を与えるようになったり、インフルエンサーによる拡散が有力なプロモーションになったりと、個人の情報発信が価値ある経済活動として認められるようになってきました。

ブロックチェーンを参照するだけのデータベースとしてではなく、そこに仮想通貨を組み合わせることで情報を提供することそのものを経済活動にしようという試みが登場しています。

◆医療記録をブロックチェーン上で管理し共有する

個人が有する情報として最も分かりやすい例が、医療や健康といった本人の身体や生活にまつわる分野です。

この領域で開発を進める「MedicalChain」では、医療記録をブロックチェーン上に記録し、患者・医師だけではなく、研究機関、保険会社なども情報保有者の許可によって、ブロックチェーン上の記録を参照することを可能にしています。

そもそも、医療機関や医療業界の事業者が持つカルテや診察記録は、前述のような管理コストの問題と情報共有の問題を抱えています。

加えて、本来は患者本人が持つべき情報が、特定の医療機関に管理されてしまっているため、別の医療機関に開示するのに手続きが必要だったり、製薬会社に情報提供を行ったりすることが難しい現状にあります。

また、保険加入の際には、事業者側が患者の提供する情報の真贋を判定するコストを支払うことになります。

これらの問題は、患者の医療記録をブロックチェーン上に記録し、患者本人がその情報

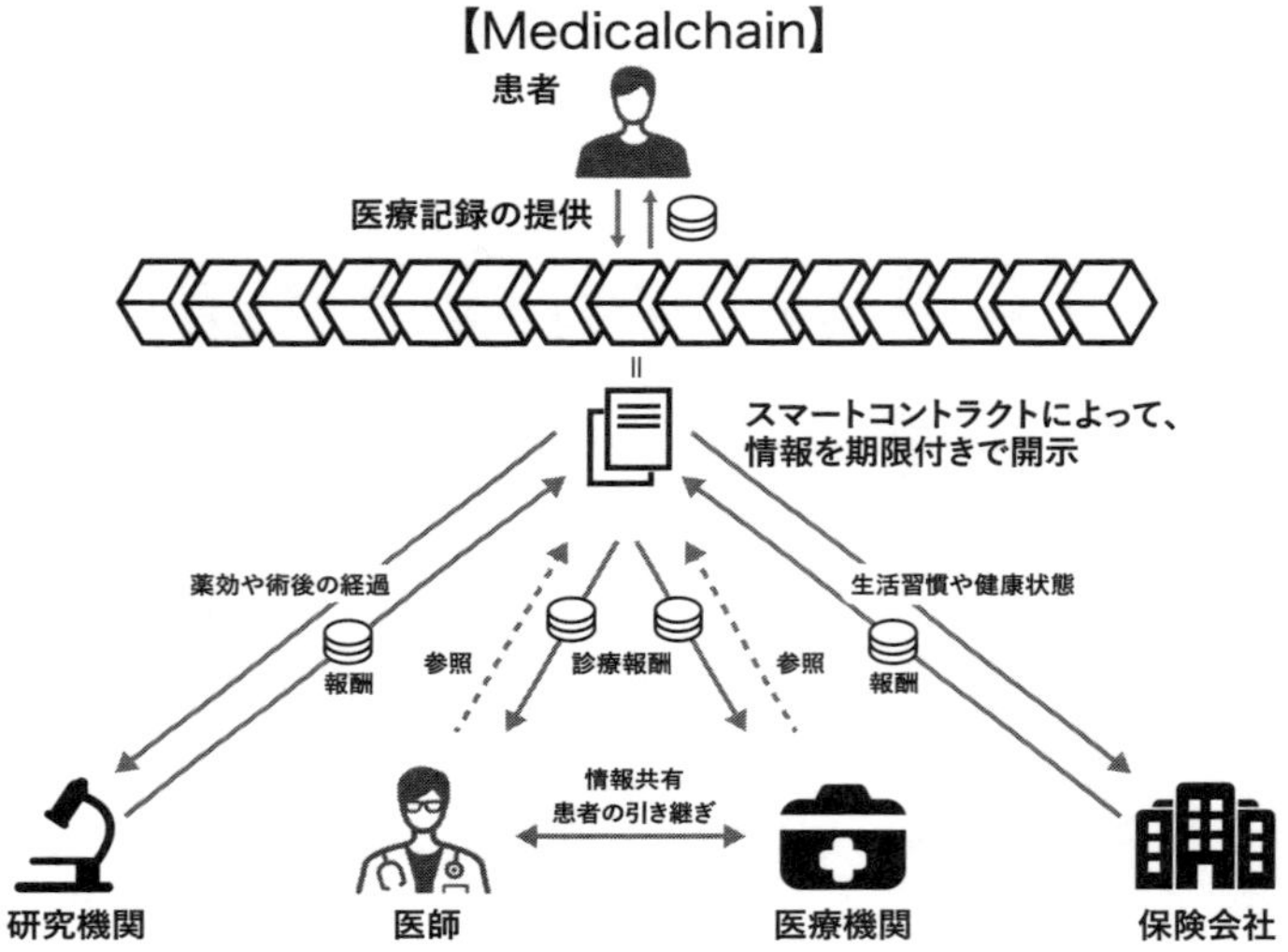

のアクセス権を有することで解決することができます。

前節の事例と同様に、医療機関同士での情報共有のみならず、研究者や保険会社といったステークホルダーにわたるまで様々な事業者が患者の情報を参照することで、社会全体で発生していたコストを大幅に削減することが可能です。

さらに、患者が自分自身の身体にまつわる情報を、必要とする相手に開示して利益を得ることができます。治験などリスクを伴う方法でしか利用できなかった情報を、経済活動の一環にすることで、情報の流動性を高めているわけです。

◆「交通」など、生活にまつわる情報の有効活用

個人が有する情報は、医療のみならず生活のあらゆるシーンから生まれます。例えば、IoTやAIを活用した自動運転など様々な新規技術が導入されている交通・自動車業界でもブロックチェーン技術の導入が目されています。

ブロックチェーンやAIのテクノロジーの開発を行っている「Xain」というドイツのスタートアップは、ポルシェとパートナーシップを結び、ブロックチェーンとIoTの技術を組み合わせることにより、交通情報の収集や遠隔での車の鍵の開け閉めなどの操作を可能にし、より便利なカーシェアリングなどのサービスを開発しています。

昨今、自律走行車の開発が盛んに行われていますが、研究に必要なデータを十分に集められるのは、一部の企業に限られます。さらに、これらの企業に情報が集められているという事実や、サービスを利用する上でどのような情報が集められているのかは、利用者に開示されておらず非常に不透明なものです。

また、交通動向に関するデータは、自律走行の開発だけでなく、保険会社やナビシステムの事業会社も必要としているのですが、相互運用性が低いため有効活用することができ

【Xain】

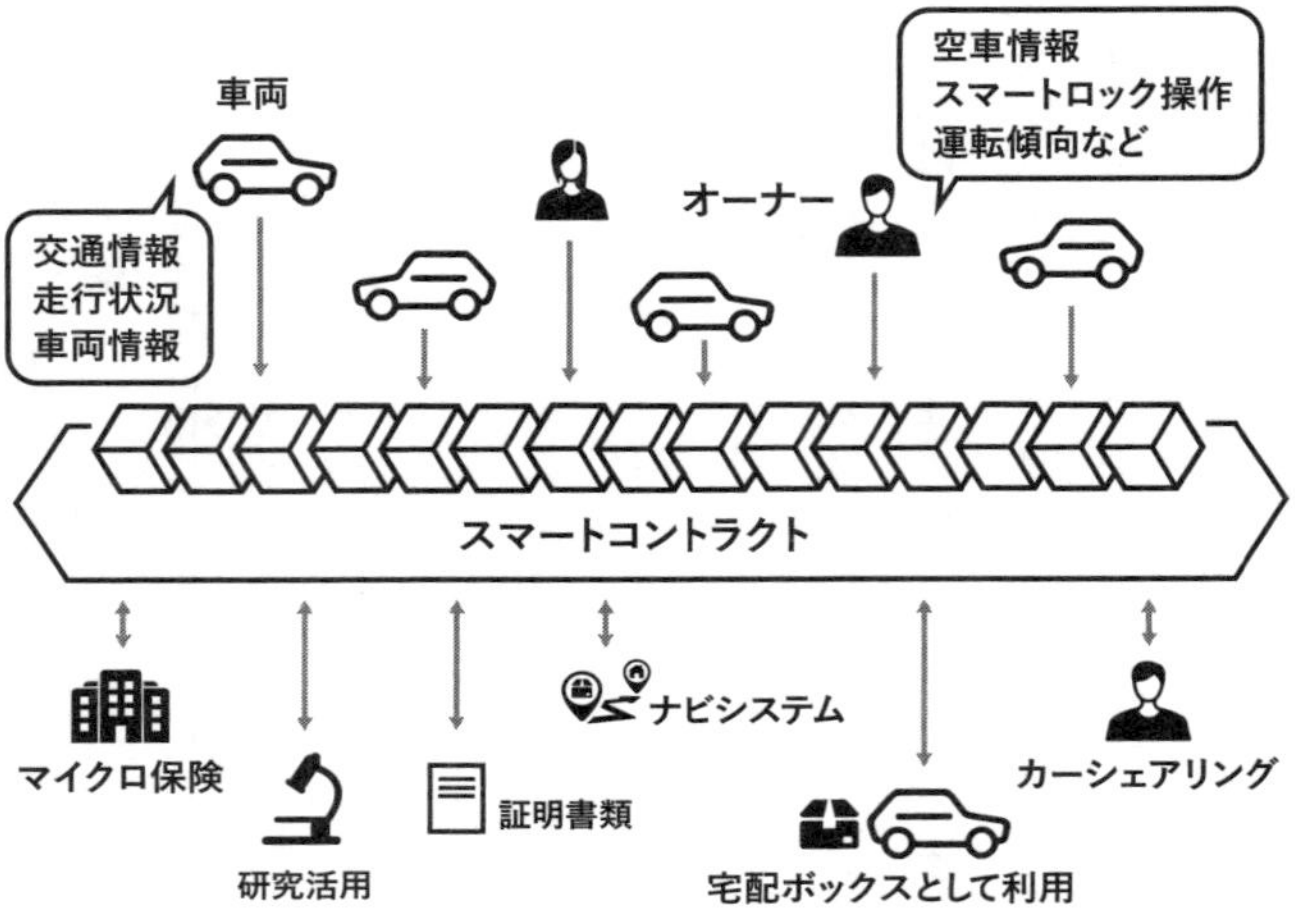

ていません。

「Xain」は、車にセンサーを取り付け、走行中の車両からデータを収集しブロックチェーン上に記録していきます。このとき、走行中のデータの所有権は、車のオーナーのものとなります。

自動車のオーナーは、自分の車から得た情報を「Xain」プラットフォームを介して、研究機関、ナビシステム、保険会社に提供することで利益を得ます。

ナビシステム会社は各車両からリアルタイムで収集した情報を利用して、ナビシステムを運営・改善することができますし、保険会社は走行状況や車両の状態、運転傾向などの情報を得ることで、より適切な保険料を設定できるようになります。

さらに「Xain」では、IoTとブロックチェーンの技術を利用して、遠隔での車の施錠・解錠ができるようになります。これによって、カーシェアリングだけでなく、駐車場に停められた車のトランクでの荷物の受取も可能になります。

また、サプライチェーンでの導入ケースと同様に、ブロックチェーンのトレーサビリティを利用して、盗難や偽物車両の流通を防ぐことも可能です。

自動車が持つ情報は、人やモノの動向を知る上で非常に重要なデータになります。これを様々な業界で一元利用することができれば、現在進められている自律走行車やスマートモビリティの領域に大きく貢献すると言われています。

類似のプロジェクトとしては、車だけでなく、船舶、飛行機、ドローンなどあらゆるモビリティを自律型車両とし、インタラクティブな通信・取引を実現する「DAV」などがあります。

TOYOTAも自動運転車の開発にイーサリアムを組み込むことを発表しているように、期待が寄せられている領域です。

◆「気象」「環境」情報を民間主導で活用

自然科学の分野でも、個人の積極的な情報提供が期待されています。

現在、気象や環境を観測して得られる情報は、気象庁や大規模な研究機関に独占的に保有されています。これにより、気象情報を用いた研究やビジネスをしたい小規模な研究機関や企業の参入障壁が高くなってしまっています。

例えば、「Weather Block」は、世界各地の気象状況をブロックチェーン上に記録し、情報を必要としている個人や企業、研究機関に提供するためのプロジェクトです。「Weather Block」では、世界各地にブロックチェーンと結びついた小型デバイスを設置することにより、世界中の気象情報を観測し、ブロックチェーン上に記録します。

さらに、「Weather Block」プラットフォームに参加している人々は、自分がいる地域の気象情報を「Weather Block」に報告し、その情報もまたブロックチェーン上に記録されていきます。こうして情報を提供すると、報酬としてトークンを受け取ることができ、それを換金することも可能です。

また、個人や研究機関、企業はトークンを使うことで、「Weather Block」に記録され

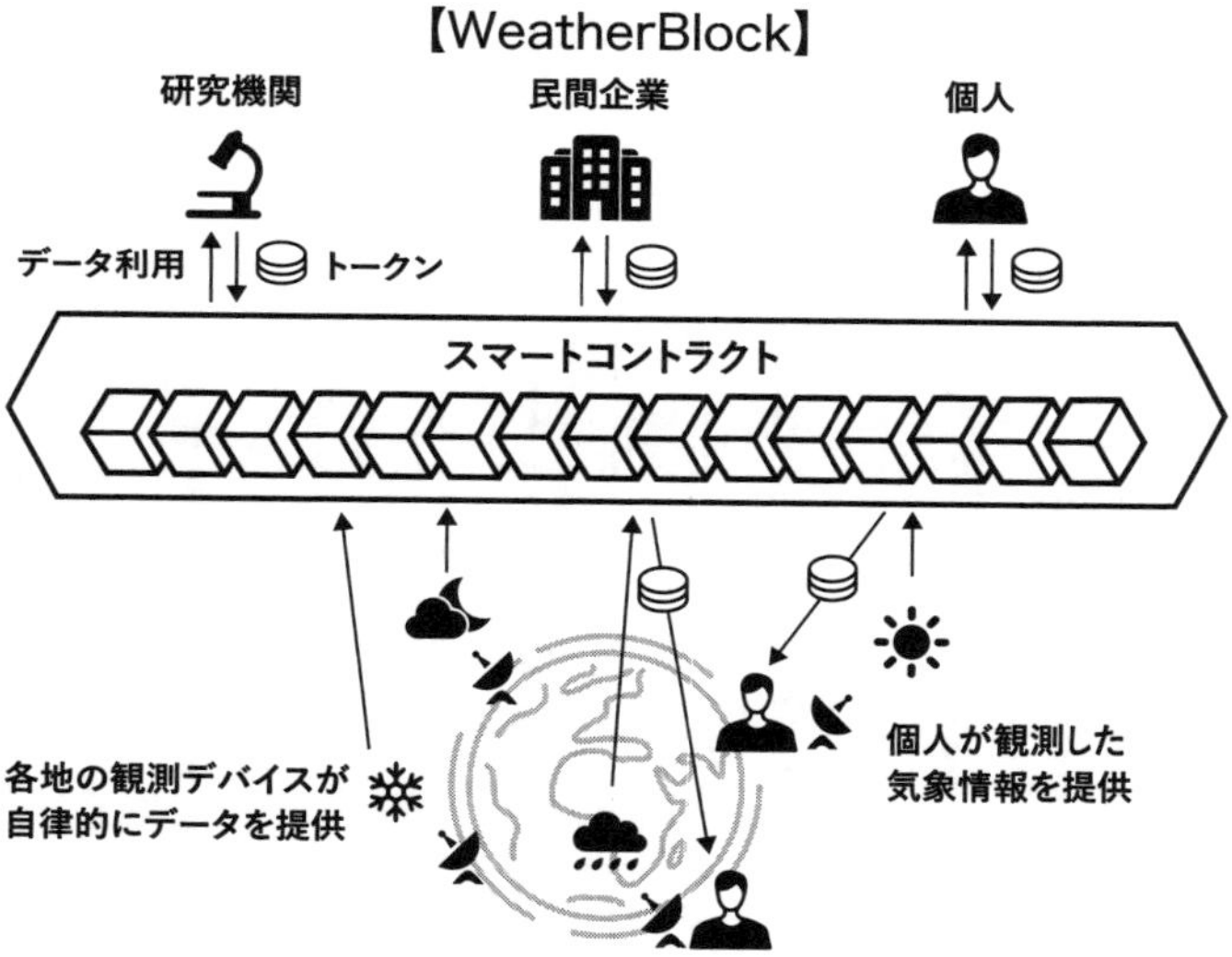

たデータを購入することができます。これによって、個人や研究機関、企業が、世界規模の気象観測情報を平等に利用することができるようになります。

これまで、専門的な研究機関が多額の投資を行って初めて管理できていたビッグデータは、気象だけに限りません。宇宙開発や地質研究など、応用範囲は多岐にわたります。

こうした分野で個人を主体にビッグデータが生まれ、それらを自由に利用できるような社会では、様々なイノベーションが可能になるでしょう。

POINT

データの所有権を個人が取り戻し、それをもとに経済活動を行えるようになることで、情報の流動性が高まりデータ活用ビジネスの活性化にもつながる。

マーケットプレイス2.0

ブロックチェーンとスマートコントラクトを用いることで、これまで運営者がいなければ成立しなかった財やサービスに関する権利のデジタル取引が可能になります。

メールをイメージしてもらえば分かるのですが、インターネット上のデータ送信は基本的にコピー&ペーストです。送れば送るだけ所有者は増えていってしまうことから、所有権という観点では使いものにならない代物でした。

これに対して、ブロックチェーン上のデータは改ざんに強く、情報の複製が出来ませんし、取引履歴を追跡しやすいため、データの所有権を明示することができます。ビットコインがデジタルな現金であるように、他のあらゆるデータを「デジタルな現物」にすることもできます。

こうして、これまでデータとして扱うことが難しかった現実世界の動産や不動産を、非中央集権的にブロックチェーン上に記録して、スムーズに受けわたしができるようにする「スマートプロパティ」というアイデアが生まれました。

例えば、土地や建物といった資産を誰かに譲渡したり売買したりする際には、自治体などに届け出て名義の変更を依頼する必要がありました。権利と責任を曖昧にできない資産のため、中央システムによる一元管理が不可欠だったのです。

ところが、ブロックチェーンを利用すると、こうした資産の売買や貸借を個人間で行うことが可能になります。特に最近は車や建物が遊休資産となってしまい社会全体で有効活用できていないことが示唆されており、Uber や Airbnb といったシェアリングサービスやマッチングサービスも普及しています。ブロックチェーンはこの流れを一気に普及させることになります。

◆国境を超えた自由な「不動産」の取引

従来の不動産取引は、各国の中央管理体制のもとで行われる流動性の低いものがほとんどでした。このため、不動産取引の際には、仲介業者への手数料や、売買契約、登記のための時間的コスト、それらの情報を書類で管理するコストが発生しています。

また、国際的な不動産売買になれば、これに加えて国際送金と現地での手続きにコストがかかります。

そこで、ブロックチェーン技術を用いて、仮想通貨での決済や、スマートコントラクトでの取引による、グローバルな不動産取引を実現するプロジェクトが開発されています。

例えば「Propy」というプロジェクトでは、PROという独自の仮想通貨を決済手段として用いて、決済・送金の手数料を削減することができます。また、スマートコントラクトを利用することで仲介の手数料をなくしつつ、登記所との連携によって国際取引をシームレスに実現します。

国や地域ごとにレギュレーションが異なるために、効率的な取引が実現できていない分野は不動産の売買に限りません。ブロックチェーンを利用して一連の取引方法を規定する

【Propy】

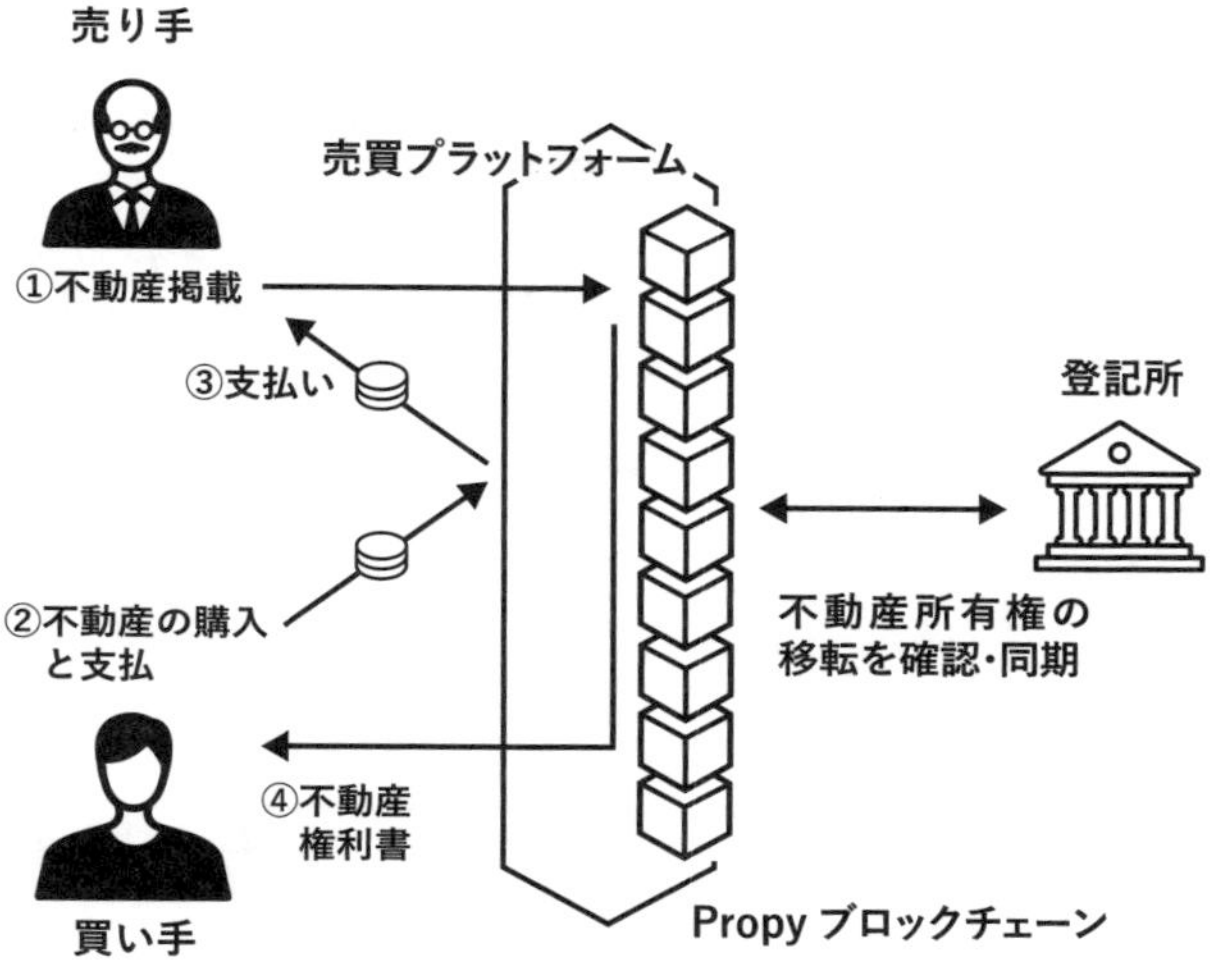

ことができれば、グローバル規模のマーケットが生まれるようになります。

この他に、不動産の売買だけでなく貸し借りを可能にする「SMARTReality」や、土地・財産全般を記録していく「UbitQuity」などが、この領域で開発されています。

◆美術品など「動産」取引の透明化

不動産だけでなく、様々な動産もその所有権そのものをブロックチェーン上に記録し、個人間でやり取りすることで、中間の管理者に取られていたコストを削減することができます。

通常、多くのマーケットでは基本的に

【Verisart】

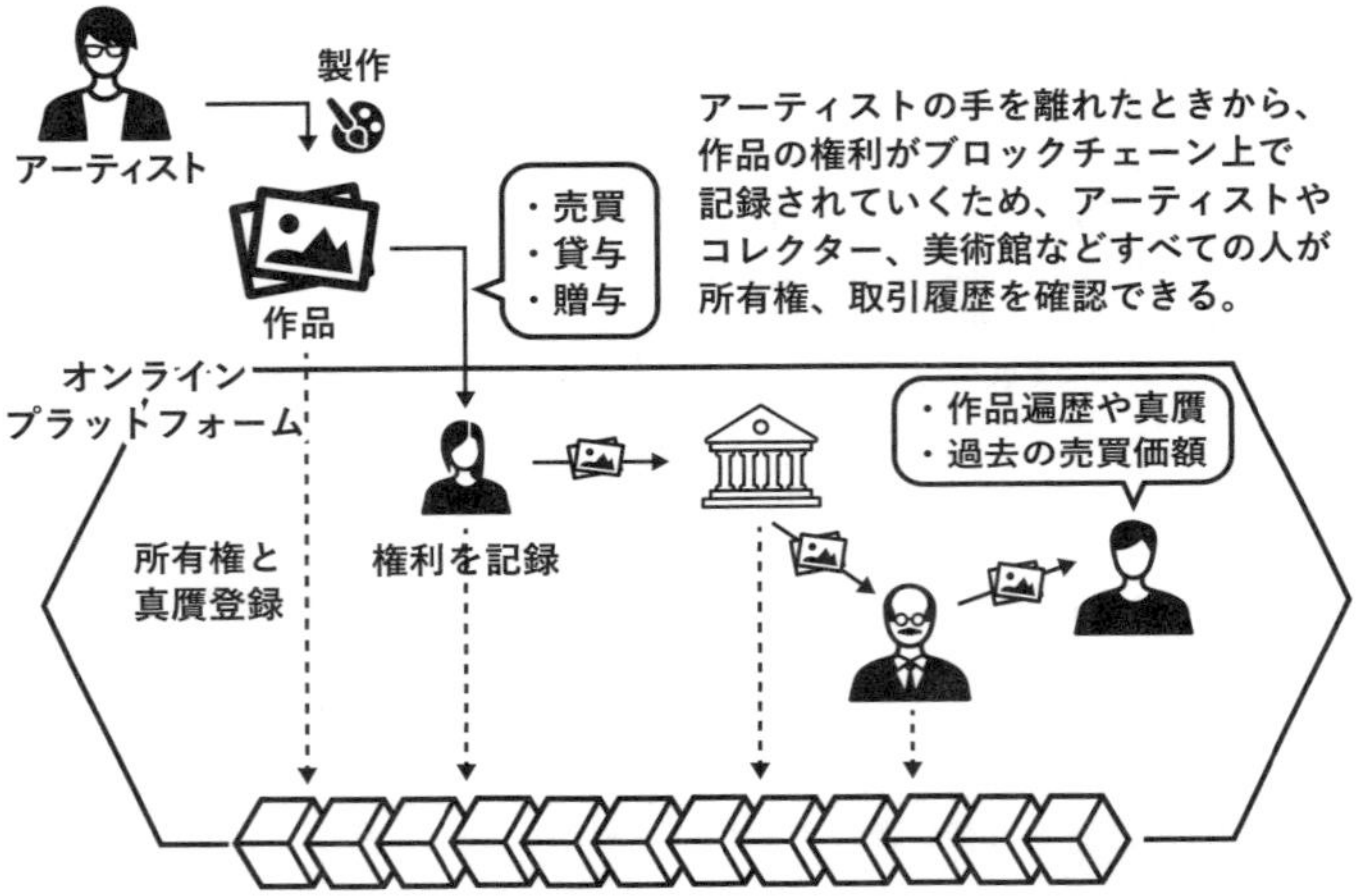

製作
アーティスト
アーティストの手を離れたときから、
作品の権利がブロックチェーン上で
記録されていくため、アーティストや
コレクター、美術館などすべての人が
所有権、取引履歴を確認できる。
・売買
・貸与
・贈与
作品
オンライン
プラットフォーム
・作品遍歴や真贋
・過去の売買価額
所有権と
真贋登録
権利を記録

中古市場より新品市場の方が商品価値が高いのですが、アート市場においては新品が最も安値となるケースがほとんどです。

アーティストのキャリアや、その作品がどんな人に買われたか、どんな展覧会に展示されたかによって価値が高まっていきます。しかし、それらの情報を一元的に管理するのが困難なためネット上で自動化もできず、アート作品の多くが流通しづらいという問題があります。

また、オンラインアートギャラリーのSaatchi Artによると、世界のアート市場で起きている不正行為による被害額は、年間60億ドルにのぼり、その内の80%

が偽造品によるものだと言われています。

これは、アート作品が作成され、コレクターや美術館への販売・寄贈・譲渡が行われた際の取引記録が、透明に記録・管理されていないことによって起こる問題です。

「Verisart」などのプロジェクトでは、美術品の著作・所有権・取引履歴の管理をブロックチェーン上で行うことによって、透明で流動的なアート市場を形成することを可能にします。

また、ブロックチェーン上に記録された情報は、美術品の著作権を持っているアーティストだけではなく、それを所有している美術館やコレクターも参照することができ、高い透明性が担保されておりアート作品の真贋を誰もが気軽に確認することができます。

この他にもデジタルアートの所有権を保証する「Ascribe」や、写真データの著作権登録と流通管理を行う「Binded」などのサービスが開発されています。

◆「エネルギー」のP2P取引を行う

市場に開放されていない寡占業界の代表例はエネルギーです。これは民間企業の競争によって、社会インフラが機能不全に陥《おちい》らないようにするための措置ではあるのですが、規

【EXERGY】

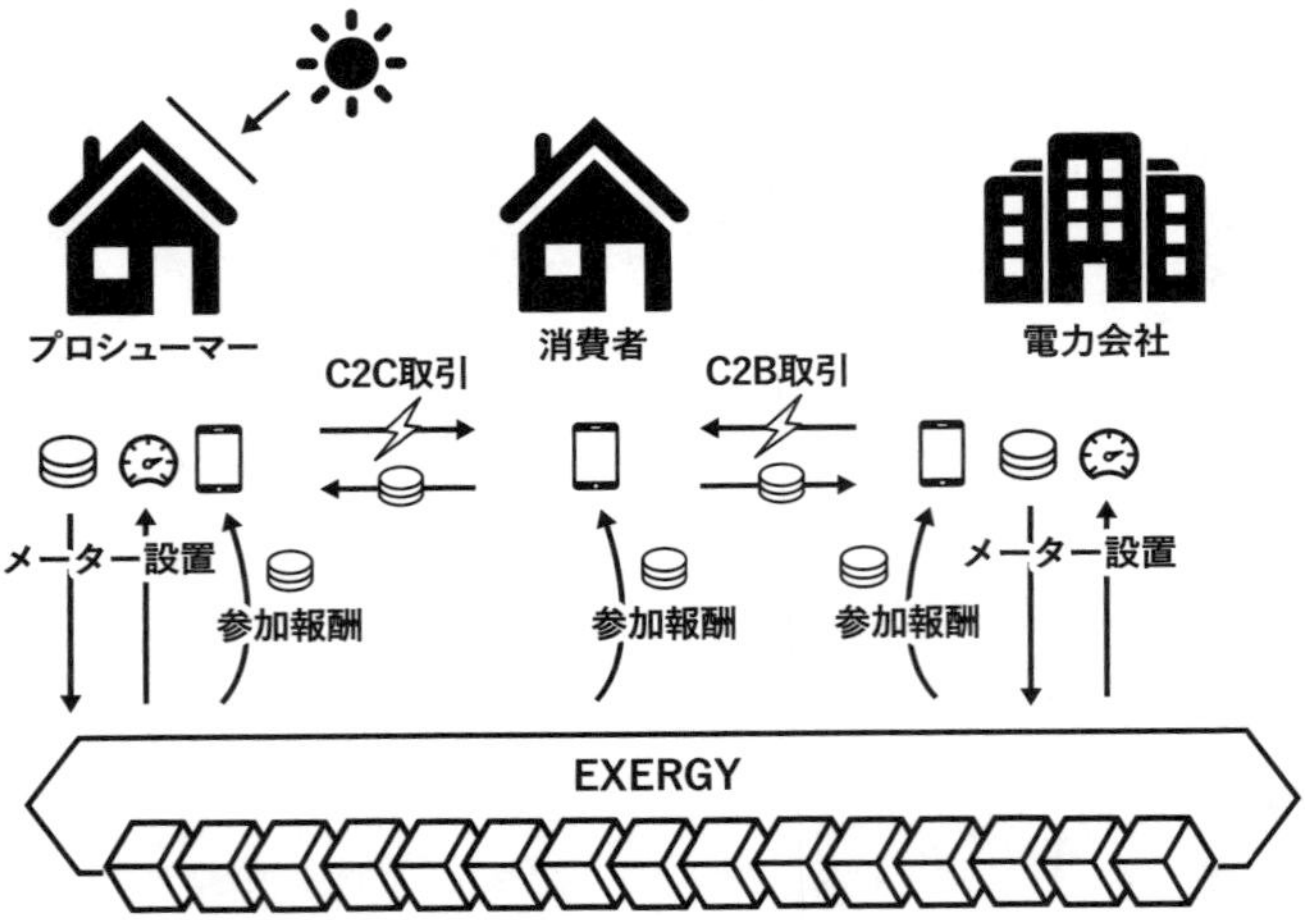

制の事情によりすべての取引に電力会社の介入が生まれる構造となっています。

例えば、電力を発電する主体（民間企業やソーラーパネルで自家発電を行う一般家庭）が、発電した電力や余剰電力を売って利益を得ようとすると、一度、電力会社に売り、電力会社の設定した販売益しか得ることができず、手数料などの中間搾取《さくしゅ》が発生します。

また、各地の発電施設で生まれた電気は、長い電線を通って各家庭に供給されます。この際、電線の抵抗によって電力が消費され、遠隔地に送電しようとすればするほど送電ロスが発生してしまいます。

ブロックチェーンとスマートコントラクトを利用して、こうしたエネルギーのシェアリングを可能にするプロジェクトが「EXERGY」です。

「EXERGY」のプラットフォームには、大きく分けて、消費者、太陽光発電をしている一般家庭（プロシューマー）、電力会社発電企業の3つが参加しています。

ここで言うプロシューマーとは、太陽光発電をしている一般家庭のことを指します。彼らは「EXERGY」に参加することによって、電力のP2P取引ができるようになります。プロシューマーや発電企業は、一般の消費者に発電した電力を販売し、利益を得ることができます。この取引は、従来のように各地域の電力会社が決めた電力料金ではなく、販売する側と購入する側の需給によって価格を決定できるようになります。

また、電力の売買により利益を得られるだけではなく、「EXERGY」のプラットフォームに参加する報酬として、「EXERGY」からトークンを得ることができます。こうしたC2Cの送電網が構築されれば、各家庭や企業が近い距離同士で送電ができるようになり、送電ロスも最小化することができます。

この他にも、少額決済を利用した電気のP2P取引を可能にする「Electric chain」や、太陽光発電の民間運用を可能にする「SolarChange」などがあります。

エネルギーのマイクロエコノミー化は、インフラを整えるのが難しい発展途上国では死活問題となるため、今後もブロックチェーンを取り入れる動きが続くでしょう。

◆P2Pでマッチングする真の「クラウドソーシング」

HR（人事関連）の領域でも、個人と企業が直接マッチングする人的資源のマーケットプレイスが生まれつつあります。

代表的な事例の「Chronobank」は、人材を必要としている企業と単純労働者（掃除、単純作業などのあまり技術を必要としない職種）をつなげるプラットフォームです。

採用市場において、雇用者側の問題としては「ニーズに合う人材を探すためのコストが大きい」「労働時間の管理にかかるコストが大きい」などがあり、労働者側は「時間外労働に対する給料の未払い」「低賃金労働」などの問題を抱えています。

これらを解決するために、人材派遣企業などの仲介事業者が存在するのですが、そこで発生する中間搾取もまた、企業と労働者の頭を悩ませる原因となります。

「Chronobank」のプラットフォームでは、個人と企業が、能力や評価を相互に参照しあいながら直接マッチングを行い、賃金をスマートコントラクト経由で支払うことで、健全

【Chronobank】

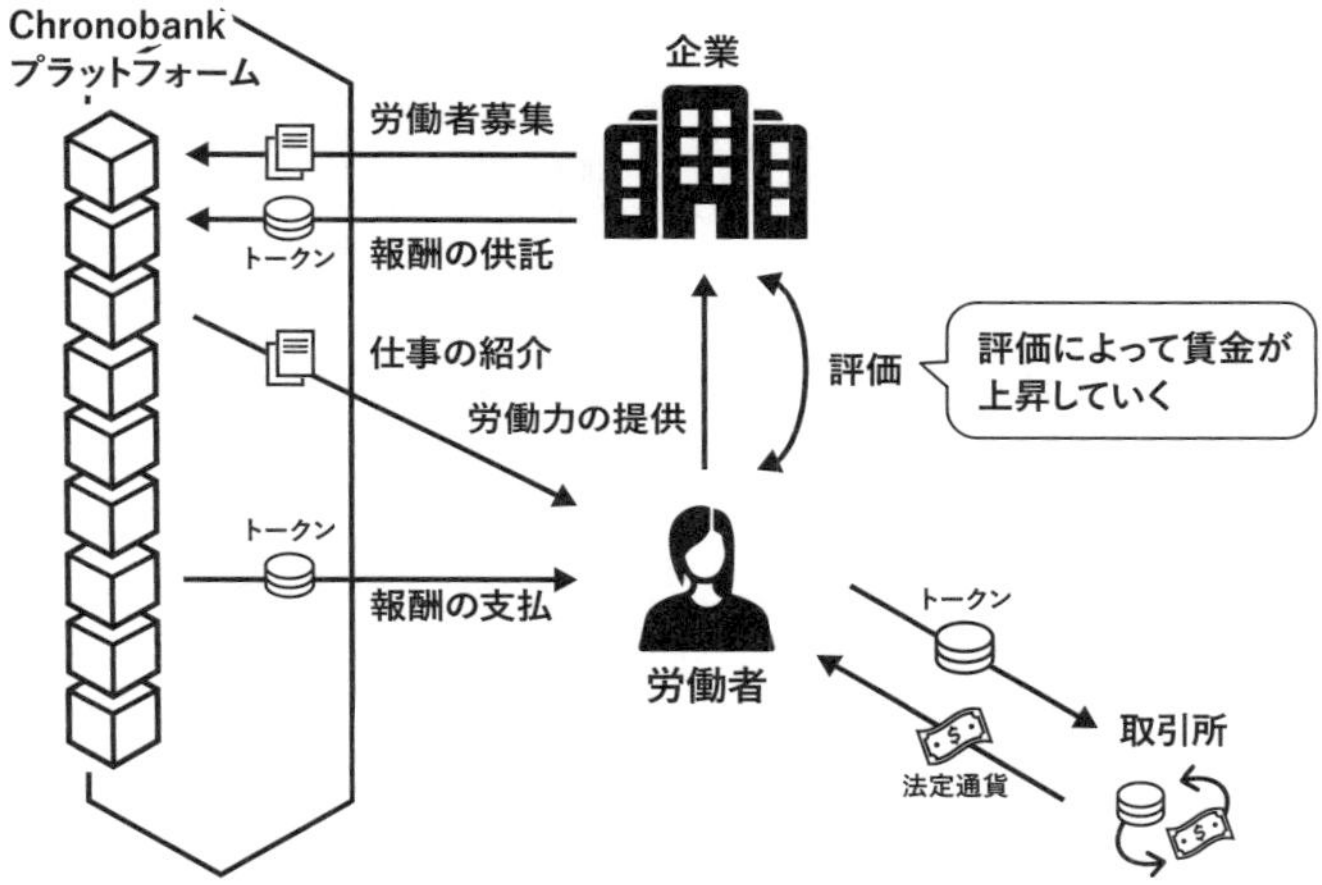

な労働契約を実現しています。

スマートコントラクトを用いてタイムカードを管理することで、サービス残業などの時間外労働が発生しにくくなっています。また、給料として支払われるトークン1つの価格が労働者の住む地域の平均時給にペッグされることで、地域ごとに定められた最低賃金が保障されることになります。

このように、労働者の働きや時間をトークンに変換することで、労働市場の流動性を高めることができます。

他にも、分単位で労働者と契約ができる「Faradam」や、著名人が自身の時間を売買できる「TimeBank」といったサービスがあります。

世界中で技術のやり取りができる点も画期的で、クリエイティブな職業やプログラマなどは、世界を股にかけてリモートワークができるようになるでしょう。

◆ポスト「Airbnb」「Uber」となる次世代の「シェアリング」サービス

2010年代から世界各地で流行した「Uber」や「Airbnb」などのシェアリングサービスは、消費者と消費者が直接マッチングし、余剰資産や遊休資産を活かしたサービス提供を行うビジネスモデルです。

しかしこうしたサービスにおいても、最終的な金銭のやり取りを担保するためには、プラットフォーム運営者が間に立つことが不可欠でした。お金のやり取りはC2B2Cのままだった、ということです。

こうしたシェアリングサービスにスマートコントラクトを組み込むことで、プラットフォームの運営者が取引を担保しなくとも、純粋なC2Cのシェアリングサービスが実現可能です。

ポスト「Airbnb」を目指す「BeeToken」では、プラットフォーマーへの直接の手数料が抑えられ、家を貸すことで利益を得たいホストと、なるべく安い宿泊料で家を借りたい

【BeeToken】

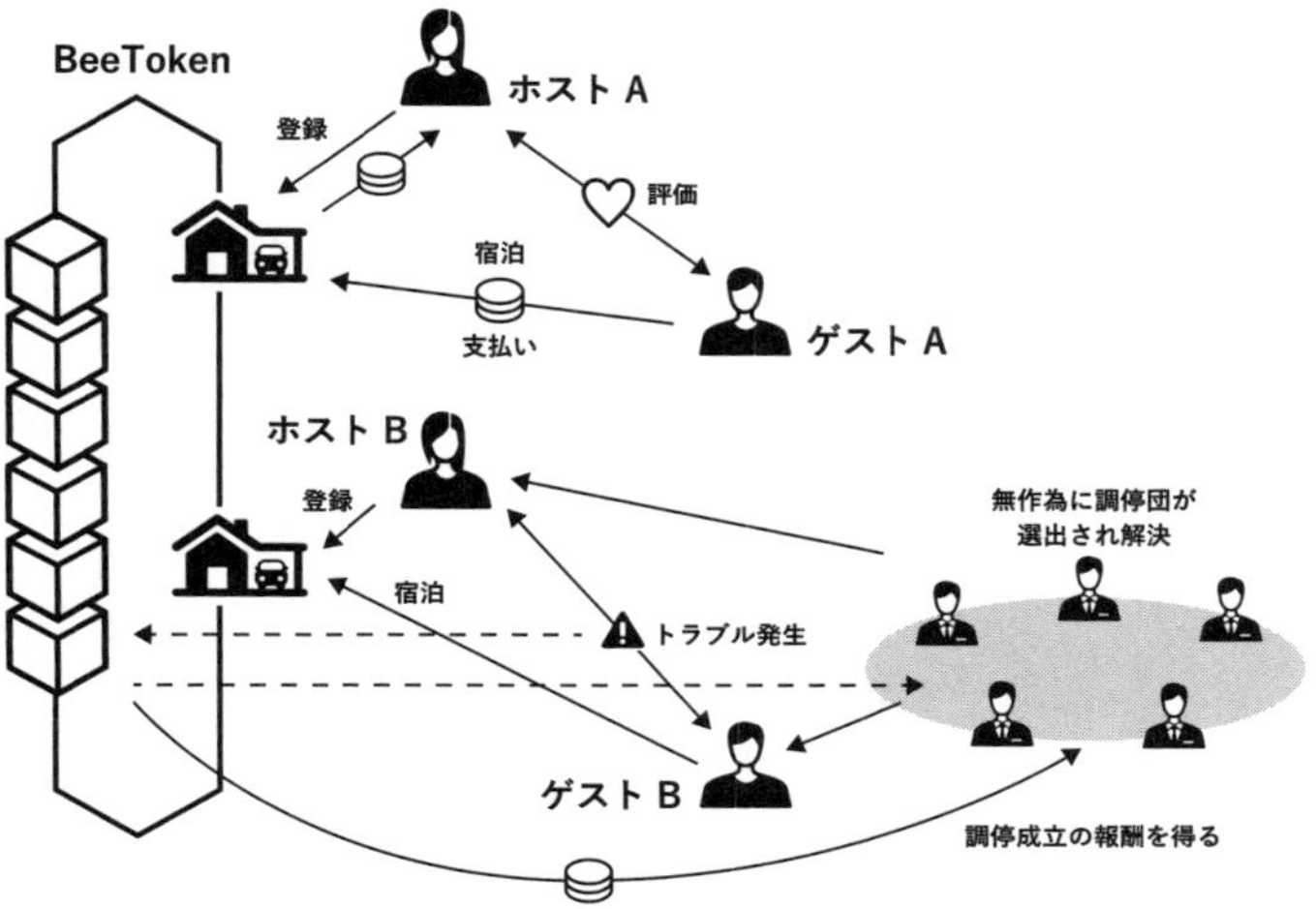

ゲストの互いの利益が最大化されることになります。

また、口論などの紛争が発生したときは、プラットフォーム内から、5人以上を選出し、彼らを紛争の解決に参加させます。最終的には、選ばれた彼らが投票によってどちらに過失があるかを決める、というアメリカの陪審員制度に似た仕組みを設けています。

「BeeToken」と同様のライドシェア・ルームシェアのサービスとして「Populstay」や「Arcade City」があります。

既存のシェアリングサービスはC2Cを謳いながら、プラットフォームに多くを依存する業界でもあります。特に取引相手の信用情報や紛争時のトラブル解決などは、プラットフォーマーに頼らざるをえませんでした。

そうした機能そのものをブロックチェーン上のルールとして設定し、解決方法をあらかじめ組み込んでおくことで非中央集権的な真に個人間のシェアリングエコノミーが実現していくことになります。

イーサリアムの開発者ヴィタリックも「ブロックチェーンは中央の仕事を自動化する。タクシー運転手の仕事を奪うのではなく、Uberをなくして運転手が直接仕事を取れるようにする」と発言しているように、ブロックチェーンを利用したビジネスが普及するにつれ、個人が自分の持つ資産を有効活用してビジネスを行えるようになっていきます。

POINT

ブロックチェーンを利用することで、厳正さが問われる、権利の取引などもオンラインで流動的に行えるようになる。

広告不在、個人中心のコンテンツプラットフォーム

現在に至るまで、WebメディアやSNSの多くは、利用料や手数料の代わりに広告を掲載することで収益を得てきました。これは、コンテンツの複製や転載が容易で値段が付けづらく、買い切り型のコンテンツをユーザーに販売するよりも、多くのユーザーを〝入荷〟して広告主に卸すことの方が安定した収益を生み出しやすかったことに起因します。

しかし、ブロックチェーンとスマートコントラクトを利用することで、知的財産権やコンテンツの閲覧《えつらん》権といった、個別具体的な権利をクリエイターとユーザーが取引することができるようになります。

これにより、長らく違法コピーや中央管理コストといった問題に悩まされてきた音楽業界・映画業界・出版業界は、大きな変化を迎えることになるでしょう。コンテンツプラットフォームは広告産業という中間構造の手を離れ、クリエイターとユーザーのP2Pでの関係性を育む場へと進化します。

◆管理者不在の「記事」公開プラットフォーム

これまでの記事メディアでは、ライターは、自分の記事が見られることによって発生する広告収入の多くを、広告業者やメディア運営者の仲介手数料として搾取されてきました。これまでは場を提供するメディアが主、コンテンツが従のパワーバランスが一般的でした。これはお金の流れが、広告主からメディアへ、メディアからライターへと向かっていたからです。

また、もう1つの問題として、記事の質とPVが直接的に結びつかない場合が多くなっていることがあります。これは2016年に話題となったキュレーションメディア問題からもお分かりのことかと思います。

ライターは「質が高く信頼性の高い記事」を書くことよりも、「どれだけPV数を稼げるか」「どれだけアフィリエイト案件を閲覧者に確約させるか」に注力するようになり、結果として、ネット上にはSEO対策を行うためだけの質の低い記事が氾濫《はんらん》するようになってしまいます。

本来、最も重要な存在である、記事のライターと閲覧者が軽視されてきたのです。

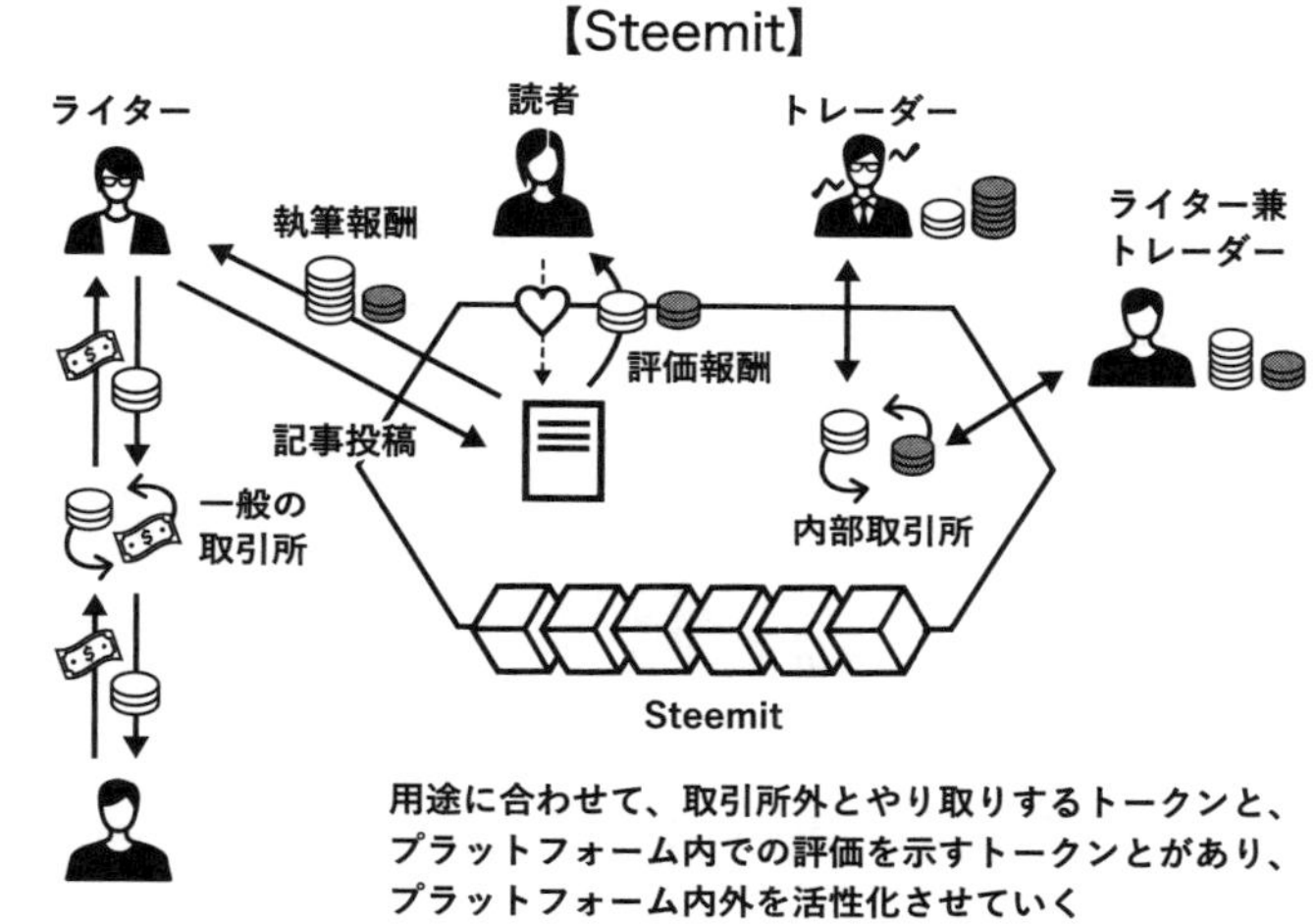

用途に合わせて、取引所外とやり取りするトークンと、
プラットフォーム内での評価を示すトークンとがあり、
プラットフォーム内外を活性化させていく

「Steemit」では、STEEMという仮想通貨をプラットフォーム内でのライターや閲覧者への報酬として流通させています。

ライターや閲覧者が報酬として受け取るSTEEMの量は、将来ほかの閲覧者からも高い評価を受けるようになる記事を、先んじて高評価すると大きくなります。こうして閲覧者には、質や信頼性の高い記事をいち早く見つけ、評価することへのインセンティブが与えられます。

閲覧者が記事を評価することからライターの報酬が生まれるため、ライターは質と信頼性の高い記事を書き、評価してもらうことに注力するようになります。

このような仕組みから、「Steemit」内では、質と信頼性の高い記事をき評価することでインセンティブが生まれ、閲覧者に評価されない質の低い記事や悪質な記事が淘汰されるため、ライター・閲覧者にとって魅力的なプラットフォームになっていきます。

「Steemit」のインターネット上のコンテンツに対するアプローチは、多くの開発者に影響を与えており、不正コピーや盗用コンテンツを発見して排除する「Primas」や、日本の「ALIS」といったプラットフォームが生まれています。

こうしたネット上での創作活動がそのまま経済活動になる仕組みが発展すると、ブロックチェーンサービスだけで生計を立てることが可能になっていくことでしょう。

◆「動画」や「音楽」の権利と報酬を健全化する

コンテンツを投稿するプラットフォームは文章だけに限りません。動画や音楽をブロックチェーン上にアップロードする試みも進んでいます。その1つが「Singular DTV」です。

記事と同様に、広告にコンテンツが最適化される傾向にある既存の動画プラットフォーム上では、比較的似たり寄ったりなコンテンツが集まる傾向があり、本当に自分の好きなコンテンツを思い通りに配信できなくなってしまうこともしばしばです。

さらに、企業の商品やサービスを紹介する際には、自分の率直な意見ではなく、企業が望ましいとすることを視聴者へと伝えなければなりません。こうして、〝ステマ（ステルスマーケティング＝やらせやサクラ行為）〟と呼ばれる行為が今のコンテンツ業界にはあふれています。

一方、「Netflix」などの有料の動画配信サービスはどうでしょうか。これらのサービスでは視聴者に月額料金などの利用料を課すことによって、動画製作者への報酬を支払っています。

しかし、このような配信サービスでは、動画をたくさん見る人にも、あまり見ない人にも、全く同じ料金を設定します。これは、あまり動画を視聴しない視聴者にとっては障壁となってしまっています。

映画はどうでしょう。全国の劇場は採算をとるために観客動員数を見込めるコンテンツしか上映することができません。さらに制作されたコンテンツは劇場に直接降りてくるのではなく、配給会社を介してしかコンテンツを入手することができません。そして、ここでは必ず仲介手数料が発生します。

「Singular DTV」はブロックチェーンやスマートコントラクトの技術を使い、広告代理

【Singular DTV】

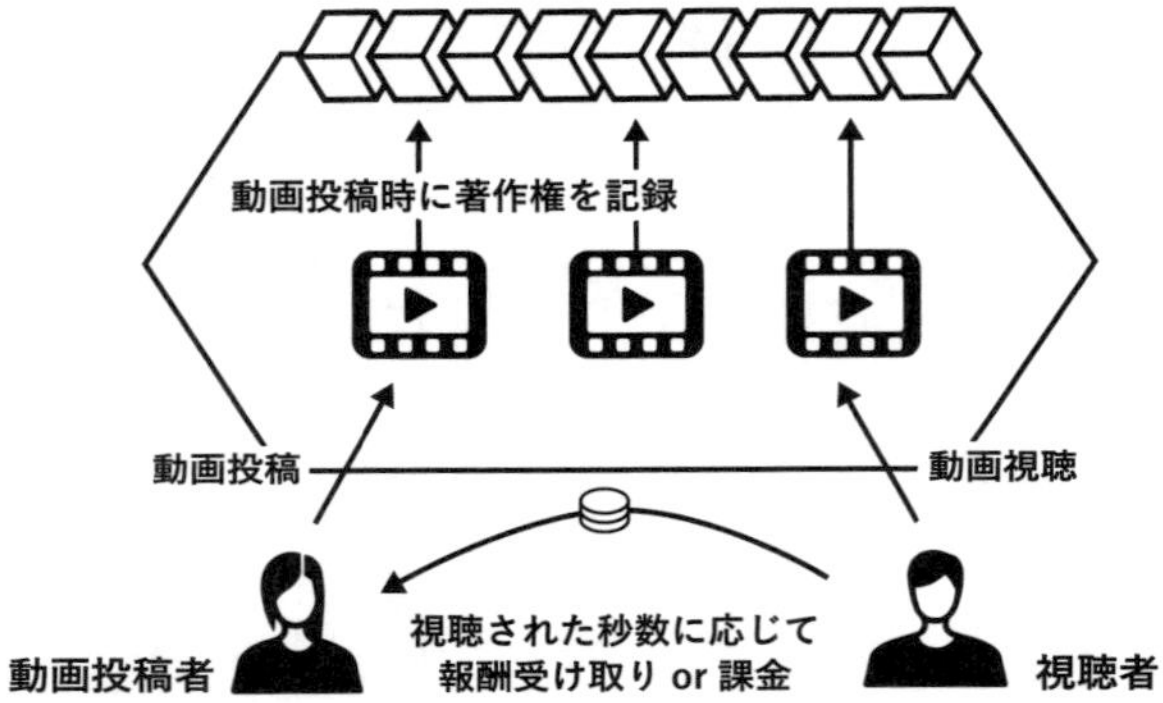

店や、企業などの仲介を一切省いた動画配信プラットフォームを実現しようとしています。

動画配信者は、自分の動画の視聴に一秒単位で視聴料を設定することができます。視聴者は、月額料金などのまとまった利用料の支払いではなく、自分の視聴したい動画を見ているときのみ、逐次《ちくじ》課金するようになっています。

ブロックチェーンを用いた音楽投稿プラットフォームの代表例は「Musicoin」です。

現在の音楽業界で、ミュージシャンが抱えている問題の内、「Musicoin」が解決を目指していることに、次の4つが挙げられます。

①リスナーが購入した音楽のデータがネット上に不正アップロードされ、他のリスナーがダウンロードし視聴することで、ミュージシャンが報酬を受け取ることができない。

②「Spotify」、「AppleMusic」、「LINE music」などの音楽ストリーミング配信サービスを運営する企業や、レコード会社に仲介手数料を取られてしまう。

③レコード会社や、音楽配信サービス会社、著作権管理団体がミュージシャンから徴収するお金がどのように使われているのかが不透明。

④印税の支払いまでに長い場合で1〜1・5年の期間がかかる。

レコーディングされた楽曲データや、楽曲の歌詞・譜面などを含む著作権情報をブロックチェーンに記録することで、ネットワーク化されたデータベース上においてすべての著作権情報を管理します。

ここにスマートコントラクトを活用することで、楽曲の購入や使用に応じた代金や楽曲使用料の徴収、著作権者やステークホルダーへの収益配分まで、すべてがプログラムに従

【Musicoin】

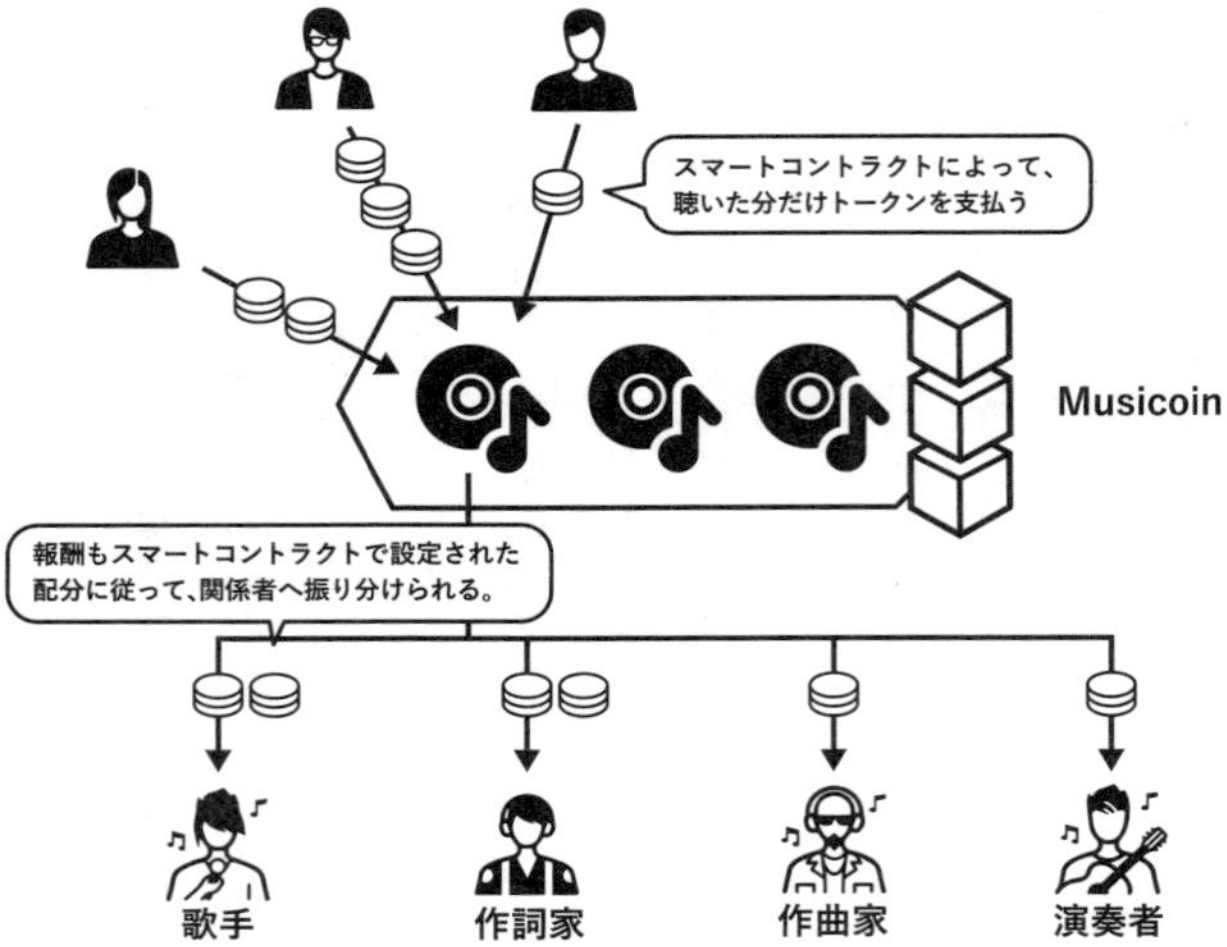
スマートコントラクトによって、
聴いた分だけトークンを支払う
Musicoin
報酬もスマートコントラクトで設定された
配分に従って、関係者へ振り分けられる。
歌手
作詞家
作曲家
演奏者

い自動的にその場で実行されるようになるのです。

収益配分については、あらかじめ締結された契約に基づくスマートコントラクトによって自動的に実行されるため、アーティストやエンジニア、音楽事務所などのステークホルダー間での収益配分について、より高い透明性が確保されます。

さらには、著作権管理組織などの仲介者が不要になるため、よりアーティストにとって公正な収益がもたらされると言えるでしょう。

また、仮想通貨は少額決済に適しているため、「Spotify」などのサブスクリプション形式ではなく、ユーザーが聞きたい分だけ従量課金することが可能になります。

POINT

ブロックチェーンの活用により著作権濫用や広告モデルに偏ったマネタイズなどの問題を改善する、コンテンツホルダーにより良いプラットフォームが生まれる。

未来の技術とブロックチェーンの融合

ブロックチェーンは、ＡＩやＩｏＴ、ＶＲなどの技術の新しい可能性を拓く役目も担っています。

インターネットの登場によって、ＡＩやＩｏＴ、ＶＲなどの新領域が現れました。しかし、それらの新領域において、インターネットの技術だけでは解決しきれない問題が出てきました。そこにブロックチェーンが、インターネットに次ぐインフラとして活躍する可能性があります。

本書の冒頭で、ブロックチェーンがＳＦなどで示唆されてこなかったことについて触れましたが、実のところそれは「目に見えるかたちで提示されなかった」だけで、現実的にはブロックチェーンがあって初めて実現する技術が多数あります。

例えば、医療やモビリティ分野では次のようなことが期待できます。

これまでデータ共有および取得が適切にできておらず学習に利用できていなかった情報をブロックチェーンのおかげで活用できるようになることでＡＩの学習効率は向上し、

活用範囲も広がるでしょう。

また、DAppsやDAOといった中央管理者のいないサービスや組織において、その仲裁や運営をAIが担っていくようになるかもしれません。

IoTにもブロックチェーンは欠かせません。IoTの発展には、デバイス間での通信の安全性が大きな課題でした。それに対し、ブロックチェーンに似た技術であるDAG（有向非巡回グラフ）を用いたための分散型台帳として「IOTA」が登場しています。IOTAでは、手数料なしでデバイス間でトランザクションをセキュアに送り合うことができ、デバイス同士での有機的なネットワーク構築が可能となります。

VRとブロックチェーンはどうでしょうか。VR空間では、すべてが電子データですので、無限に複製することが可能です。その一方で、ブロックチェーンは、電子データにビットコインのように有限性を持たせることができます。

さらに、デジタルアイテムの偽造を防ぐ手段にもなります。そうすることで、現実の世界のモノと同じように、VR空間においても希少なものには高い価値がついていく可能性が出てきます。実際にブロックチェーンでVR空間内のデジタルアイテムを管理し、売買できる「Decentraland」では、VR空間上の土地が高額なもので1000万円以上で売買されています。

このように、ＡＩやＩｏＴ、ＶＲは、今後ブロックチェーンと渾然一体《こんぜんいったい》となっていき、私たちの生活をより便利で豊かなものにしていくと期待されます。

POINT

ブロックチェーンは、ＡＩやＩｏＴ、ＶＲが発展していく中で、インターネットに次ぐインフラとなっていく可能性がある。

終章

ブロックチェーンの描く未来

ルール・ドリブンという新たな「常識」

最後にあらためて、ブロックチェーン技術の本質について、私の見解を述べたいと思います。

本書ではブロックチェーンが「お金」「記録」「契約」といった人の営みの再発明であること、それによりWebを始めとする情報の世界のあり方がこれまでと一変することを説明してきました。

ではなぜ、ブロックチェーンはこれほど注目されているのでしょうか?

それは、ブロックチェーン技術の本質が、これまでのルールのあり方を変えてしまう、「ルール・ドリブン」であるからです。

従来のルールは、多くの人が集まって生まれた共同体を起点に、そこで行われる人同士のコミュニケーションを効率化するために作られてきました。私たちが暮らす国の法律や慣習も、理想的な生き方や暮らし方のためにルールが先に作られたのではなく、まずそこに暮らす人がいて、その人達がトラブルを起こさず、最大公約数的な幸せを享受して暮らすための行動規則として長い時間をかけて定められたものです。

そして、中央集権的な機関は、こうした共同体内での、ルールの更新と執行の役割を担う存在でした。

人がそこで生まれ、そこに留まって共同体を支えることが大前提となっているため、流動性が低く、新陳代謝が起きず、時代にマッチしないルールがなかなか変わっていきません。いま目の前にすでに存在している「定められたルールに従う」ことが前提の世の中です。

ではブロックチェーンが実現する共同体はどうでしょう。ブロックチェーンの場合は、まず真っ先にルールが提示され、そこに共感する人が集まって初めて共同体が生まれます。共同体の中で望ましい振る舞いは何か、何をもって貢献とみなすかが明示されており、その評価は仮想通貨やトークンといったかたちで報酬として可視化されます。ルールの執行や紛争の仲裁においても、中央集権的な機関を必要とせず、既定のプロトコルと、参加者たちのコンセンサスによって行われていきます。

例えば、ビットコインのブロックチェーンでは「取引記録を正確に保つこと」が評価され、DAppsにおいてはそれぞれの共同体において理想とする行動が評価されるように、様々な価値観（およびそれに伴う行動）を認める共同体が無数に生まれています。いわゆるトークンエコノミーとも呼ばれているものです。

また、ブロックチェーンの共同体は情報の世界にありますから、生まれや育ちは関係がありません。物理的な制約もありません。1つと限らずいくつでも共同体に参加することができます。

ブロックチェーン業界で重要視されるホワイトペーパーは、ルールそのもの、「これから生まれる共同体の設計図」であり、発行される仮想通貨は「共同体内での価値基準」となります。ブロックチェーンが「従うルールを自ら選び取る」「自分が理想と考えるルールを自ら創り上げる」ことのハードルを抜本的に引き下げたのです。

現在、仮想通貨投資に熱狂する人々は、従来のルールに浸りきっているせいか、ブロックチェーンの世界の外側から「どのルール、どの共同体に伸び代があるか」を吟味しています。しかし、今後ブロックチェーン技術が発展し、ルールの提唱と実現が当たり前のものになってくれば「自分がどのルールに従い、どの共同体に属すか」が問題になってくるでしょう。

そして、「自分が力を発揮できる、認められる共同体を自分で選び取る」「価値のある行いが正しく評価される、より良いルールを創る」ことが、ブロックチェーンによって新しく生まれる次世代の常識となっていきます。

問題提起がブロックチェーンの未来を作る

ブロックチェーンを利用することで、ありとあらゆることを価値として可視化し、個人に還元していくことが可能です。ある地域に貢献する人は、その地域独自の通貨を得ることができますし、健康に生きること、天気を誰かに教えること、文章を書くこと、音楽を創ること、誰かの才能を発見すること、そういった行動すべてに対して仮想通貨で報酬を得られるようになるでしょう。これは法定通貨という一元的な価値指標の中で測られる資本主義の考え方と離れたものです。

私は、ブロックチェーンが開発者だけでなく多くの人に注目されている理由は、ここにあると思っています。つまりは、今の最大公約数的なシステムで解決できていない問題や資本主義の中で取りこぼされている価値に対して、ブロックチェーンが救世主になりえると感じているのではないかということです。

例えば、難民に対してブロックチェーン上でＩＤを発行したり、同性婚が認められていない国の同性カップルがその婚姻情報をブロックチェーン上に記録するなど、国家や権力に依存せずに解決する新たな可能性が拓かれました。

私たちは、かつての発明家が、大きな問題提起をし、それを解決してきた結果の上に立っています。サトシ・ナカモトが、リーマンショックに始まる問題提起からビットコインという未来のお金を生み出したように、本来こうあるべきではないか、という私たちの素朴な問題提起や願いの中にブロックチェーンの描く未来はあるのでしょう。

私もまた、このブロックチェーンに魅せられた一人です。社会を良くするために、より良いルールを提唱し、それを実現していく可能性に気づいたときの衝撃を忘れることができません。

本書を通じて、ブロックチェーンの未来を共に描いていく同志が増えれば幸いです。最後までお読みいただき、ありがとうございました。

参考文献

書籍

松村 嘉浩（2015）『なぜ今、私たちは未来をこれほど不安に感じるのか？——日本人が知らない本当の世界経済の授業』ダイヤモンド社
板谷 敏彦（2013）『金融の世界史：バブルと戦争と株式市場』新潮選書
大村 大次郎（2015）『お金の流れでわかる世界の歴史 富、経済、権力……はこう「動いた」』KADOKAWA
カビール セガール（2016）『貨幣の「新」世界史——ハンムラビ法典からビットコインまで』早川書房
ジェイコブ・ソール（2018）『帳簿の世界史』文春文庫
ユヴァル・ノラ・ハラリ（2016）『サピエンス全史』河出書房新社
マーシャル・マクルーハン（1986）『グーテンベルクの銀河系』みすず書房
渡辺 泉（2017）『会計学の誕生——複式簿記が変えた世界』岩波新書
結城 浩（2015）『暗号技術入門 第3版』SBクリエイティブ

論文ほか

Satoshi Nakamoto（2008）. Bitcoin: A Peer-to-Peer Electronic Cash System, Retrieved 2018, from https://bitcoin.org/bitcoin.pdf

Vitalik Buterin（2013）. A NEXT GENERATION SMART CONTRACT & DECENTRALIZED APPLICATION PLATFORM, Retrieved 2018, from https://www.ethereum.org/

Matteo Gianpietro Zago（2018）. Why the Web 3.0 Matters and you should know about it, Retrieved 2018, from https://medium.com/@matteozago/why-the-web-3-0-matters-and-you-should-know-about-it-a5851d63c949

Blockchain.info（2011）. ハッシュレート分布, Retrieved 2018, from https://www.blockchain.com/ja/pools

semiramis-speaks.com（2012）. RECORD KEEPING AND THE ORIGINS OF WRITING IN MESOPOTAMIA, Retrieved 2018, from http://semiramis-speaks.com/record-keeping-and-the-origins-of-writing-in-mesopotamia/

PE ECO Technology.（2013）. 記録技術の歴史と現代の記録, Retrieved 2018, from http://pe-eco.jp/articles/show/369/

JPNIC.（2017）. インターネット歴史年表, Retrieved 2018, from https://www.nic.ad.jp/timeline/

経済産業省（2015）『ブロックチェーン技術を利用したサービスに関する国内外動向調査報告書』

一般社団法人 全国銀行協会（2017）『ブロックチェーン技術の活用可能性と課題 に関する検討会報告書』

著者略歴

森川夢佑斗（もりかわ　むうと）

1993年生まれ、大阪府出身。株式会社 Ginco 代表取締役 CEO。

京都大学法学部在学中に起業。その後2017年にブロックチェーンへの知見を活かし株式会社 Ginco を創業する。仮想通貨を安全に一括管理できるウォレットアプリ「Ginco」の提供を行うほか、ブロックチェーンを実用化するための各種コンサルティング業務や、マイニング事業を行う。著書にベストセラーとなった『ブロックチェーン入門』（KK ベストセラーズ）、『一冊でまるわかり暗号通貨2016～2017』（幻冬舎）などがある

ブロックチェーンの描《えが》く未来《みらい》

2018年8月15日　初版第１刷発行

著　者　森川《もりかわ》夢佑斗《むうと》

発行者　塚原浩和

発行所　KK ベストセラーズ
〒170-8457　東京都豊島区南大塚2-29-7
電話：03-5976-9121

ＤＴＰ　有限会社ブルーインク

印刷所　近代美術株式会社

製本所　株式会社フォーネット社

ISBN978-4-584-13880-9 C0030